Y. 6204 (4)
c.2.

Y.e   12554

POÉSIES PATOISES.

DEUXIÈME PARTIE.

F. RICHARD, ETC.

LIMOGES. — IMP. H. DUCOURTIEUX, PL. DE LA POISSONNERIE.

POÉSIES EN PATOIS LIMOUSIN.

OEUVRES COMPLÈTES

DE

J. FOUCAUD ET F. RICHARD,

NOUVELLE ÉDITION,

REVUE, CORRIGÉE, AUGMENTÉE DE PIÈCES INÉDITES,

Et de Notices sur Foucaud, Richard, etc.

2ᵐᵉ PARTIE. — F. RICHARD.

LIMOGES.

Th. MARMIGNON, Libraire, place des Bancs, 23.
H. DUCOURTIEUX, Imp., place de la Poissonnerie, 6.

1849.

François RICHARD naquit à Limoges en 1730. Dès sa jeunesse, son ardeur pour l'étude et un goût naissant pour la poésie le firent distinguer parmi ses condisciples. Destiné à l'état ecclésiastique, il remplit les fonctions de ce ministère de paix jusqu'à l'époque où les connaissances étendues qu'il avait acquises, l'irréprochable régularité de sa conduite, et l'estime que lui attirèrnt les qualités de son esprit et de son cœur, l'appelèrent à la place de principal du collége d'Eymoutiers, qui jeta, sous sa direction, un éclat dont il n'a plus brillé depuis. Les devoirs de sa profession et les soins qu'exigeait de lui son administration paternelle ne purent l'empêcher de cultiver les muses. Mais ce ne fut cependant qu'après les événements malheureux qui changèrent la face de la France et ramenèrent l'abbé Richard à Limoges, qu'il se livra tout entier au charme entraînant de la poésie. Ce fut alors qu'il laissa échapper de sa plume facile cette foule de pièces légères, de chansons. contes, etc., dont quelques-uns sont restés dans la mémoire de tous les gens de goût. « Le style est l'homme », a dit l'un de nos plus célèbres écrivains ; et jamais cette pensée ne reçut une application plus vraie que dans la personne de l'abbé Richard. On retrouve, dans ses productions, toute la naïveté, toute la candeur de son âme, une instruction dépouillée de pédantisme, et l'enjouement qu'il portait dans la conversation. On y reconnaît le philosophe, l'ami de l'humanité, qui plaignait le vice comme un malheur, et qui, au lieu de le maudire, comme le fait trop souvent un zèle aveugle, cherchait à le corriger par son exemple et par ses leçons.

La société d'Agriculture de Limoges lui vota des remercîments pour avoir remplacé, par des chansons ingénieuses, les platitudes grossières qui amusaient nos paysans; pour avoir revêtu la morale, dont nos rustiques colons ont si grand besoin, des agréments d'une riante et vive poésie, dans un idiome aussi décrié que notre patois; pour avoir tendu au même but dans les vers français qu'il a composés sur différents sujets; pour n'avoir pas abandonné les muses latines dans un temps où elles sont si peu cultivées; enfin pour avoir offert à ceux qu'il instruisait par ses écrits le modèle d'une vie sans tache.

Elle lui décerna une médaille d'or, au mois de mai 1809, et l'invita à réunir ses poésies éparses en un corps d'ouvrage qui pût être livré au public; mais ses infirmités, son âge déjà très avancé et sa mort arrivée quelques années après, ne lui permirent pas de s'occuper de ce travail.

L'abbé Richard mourut à Limoges, le 14 août 1814, âgé de 84 ans. Pendant sa dernière maladie, la société d'Agriculture donna au poète qui avait honoré son pays, et que ses maux retenaient sur un lit de douleur, les preuves de l'estime et de l'affection de tous les membres qui la composaient.

Nous joignons ici le portrait en vers que l'abbé Richard a tracé de lui quelque temps avant sa mort :

> Ne demandez point mon portrait
> A notre vieille de Limoges.
> Vous gémiriez à chaque trait,
> Dont aucun n'est digne d'éloges.

D'abord, mes yeux sont chassieux,
Leur cornée est toute sanguine.
J'ai l'air tout sombre et sérieux,
Et mon humeur n'est plus badine.
Mon poumon souffle à plein tuyau,
Et je tousse à perte d'haleine,
S'il faut arracher le noyau
Du corps tenace qui me gêne.
Depuis longtemps, loin de mon lit
Va voltiger le sieur Morphée,
Et la douleur qui me saisit
Rend ma muse déconcertée.
Ma main gauche perd sa vigueur,
Et tremblotte comme une nonne
A l'approche du confesseur,
Qui la connait mieux que personne.
Enfin, vieille, c'est cette fois
Que, sans regretter la nature,
J'attends que mon tailleur de bois
Vienne pour me prendre mesure.
Déjà, dans un genre nouveau,
J'ai composé mon épitaphe.
Qu'on la mette sur mon tombeau,
Sans l'orner du moindre paraphe :

« *Ci-gît un poète joyeux,*
» *Qui n'aima jamais l'épigramme.*
» *Passants intercédez les cieux*
» *Pour le repos de sa pauvre âme.* »

M. Chapoulaud publia en 1824 une édition remarquable des OEuvres de l'abbé Richard ; cette édition, complètement épuisée, nous a beaucoup servi pour celle que nous offrons aujourd'hui au public.
Si pour les OEuvres de Foucaud nous avons conservé la manière d'écrire de l'auteur, tout en la régularisant, nous avons cru devoir agir de même à l'égard de celles de Richard. Le public jugera laquelle des deux orthographes lui paraît préférable. Il n'existe pas d'*e* muet en patois ; il sera donc facile, ceci posé, de prononcer les mots sans tenir compte des accents.

LOU ROUMIVAJE

DE LIAUNOU,

POEME EN QUATRE CHANS.

Chan Prumier.

A Mmo C. D***.

Te que counservâ dì to teito
Lou boun sen, l'eime, lo rosou,
Que devinâ, que lo tempeito,
Ce que vau dire chaque mou,
Tan dî quàuquo peço franceso
Que dî lou leti, lou potouéi ;
Te counsacre moun entrepreso :
Vizo-me, si au pla, de boun ei.
Iau sài toujour de bouno pâto :
Si tu l'y vesei quàuqu'oubli,
Dijo-m'au ; mo plumo à lo hâto
Douboro ce qu'auro foli.

* Pélerinage.

Iau vau deimountâ mo chobreto
Pèr fâ un bourdou pù plenty.
Quo n'ei pâ qui de chansouneto ;
Qu'ei quàuquore de pù sery.
Si t'ài fa rire quan chantâvo,
D'un toun bodin e goguenar,
Ce que se disio e se possâvo
Dî lo meijou d'un campognar :
Soun corotari, so counduito,
Sas recreocys, soun trobài,
E qual ei lou trin de so vito ;
M'en vau fâ un nouvel essài.
Moun historio n'ei pâ risento :
Parle de forço countre-tens :
Pren to mino gravo e prudento.
Vau chantâ tous lous àcidens,
Lou roumivaje, l'innoucenço,
L'eisoungliodas, lou nâ poucha,
Lo devoucy, l'er empeicha
D'un garçou doun lo bouno mine
N'èro pâ quelo d'un butor.
Coumence ; Muso limousino,
Ser-me, si te plâ, de mentor.

Un bèu dimar, darniero feito
Que las pâqueis nous fan chaumâ ;
Qu'à Limojei chaquo meneito
Prejo Dy jusqu'à s'enrumâ ;
Qu'en se buten per chaquo porto,
Lous peisans entren per ufrì,
E chaten tous uno ridorto
Per lou mounde que soun châ is ;
Que las nuriças, dî lo vilo,
Se câren en lour nurijâ ;
Que las momas, per lor sei bilo

Sur lours jonoueis vesen chijà ;
Qu'en Ruo-Torto, à pleno marmito,
Causen las gogas d'un denier,
Que chaquo boucheiro debito
Tout lou menu de soun charnier ;
Que, dî Limojei, châquo chasso
Se porto devoucysomen
Dî lo proucessy que l'y passo
Tous lous ans solennelomen ;
L'heiritier de Pière Garguilio,
Liaunou de Sen-Marti-lou-Viei,
Lou soû mâle de so fomilio,
Garçou bien robuste e bien prei,
De l'aje d'uno vieilio vacho,
N'oyan pouen lou pounie pûri,
Mâ be lo chambo lo mier facho
Que garçou que se sio nûri,
Partigue de châ se d'ob'houro,
Bien retroussa, bien mei, bien fier.
So mài l'apropio e lou deibouro,
Li penio sous piàus de soun mier :
Lou pài, qu'ovio tan de tendresso
Qu'au ne poudio mài l'envesâ,
De paure qu'au se morfoundesso,
Lou seguio si au voulio pissâ.
Lous vesîs, per fujî lo guero
Que poudio causâ tan d'omour,
Disian esprei que soun fî èro
Lou pû bèu drôle d'alentour.
 Au devio 'nâ, sur so bouriquo,
Per quàuque vœu fa per soun màu,
Venerâ lo sento reliquo
Dau gran apautre sen Marçàu.
Lous us disian que lo veirolo

Li 'vio leissa dau malavei ;
D'autreis, coumo uno ovelio folo,
L'ovian vu virâ tout surprei.
So mài, que n'èro pouen tan soto
Per tirâ lous deveis de par,
'Vio counogu que quelo voto
Goririo soun fì tô au tar.
Au ponelo doun so mounturo,
Croucho un fissou per lo piquâ,
Penden que so pàubro mài puro
E ne cesso de lou biquâ.
   Quan lo bouriquo ei harneichado,
Liaunou s'en torno ver meijou,
Coupo dau po, fài 'no liçado,
Tanbe qu'au 'guei prei soun bouliou.
   Oyan deijûna de lo sorto,
Fa sous adys bien tendromen,
Au pren lou chomi de lo porto,
D'un sàu se ducho lestomen
Sur un bâ cuber de bosano,
Qu'ovio sous eitrys, soun harnei,
Que lou pài, deipei 'no semmano,
'Vio chota per li fâ plosei.
   Au par, counten coumo 'no gràulo
Qu'emporto 'no nou dì soun be ;
De joïo au hucho, au chanto, au piàulo ;
E, tan de lo mo que dau pe,
Soun ânisso ei tan turmentado,
Que, per reipoundre de soun mier,
Lo fogue uno goloupado
Que dure mài de cinq pâter.
   Penden uno courso si râro,
Liaunou troverso tout lou bour,
Se morgo, fignolo e se câro

Dovan lou mounde d'alentour.
Uu chopèu niau, 'no belo ganço,
Daus piàus tan blouns coumo de l'or,
Un jile blan dessu so panso,
Brouda d'un flure sur lou bor,
Soun bel hobi de râso fino,
So comisolo de bosin,
Sas broyas de propo rotino,
Lou rendian fier coumo un lopin.
 Entàu partigue de lo Mancho
Lou fidèle Sancho-Pança,
Quan, d'un' humour goliardo e francho,
Lou cœur counten, l'er empreissa,
Au 'navo, per ganiâ quàuqu'ilo,
Coumo soun chivolier erran,
E countâ lous eicus per milo
Di soun vouiaje, à chaque instan.
 Liaunou fujio lou cœur en joïo,
Per tous lous chomis prejan Dy
Que ne toumbesso pas de ploïo
Qu'empeichesso lo proucessy.
Au per so prejeiro esauçado,
Au per ne sabe qual hosar,
Penden touto quelo journado
Lou cèu se troube pur e cliar.
 Quan au fugue sur lou poun d'Aisso,
So beitio crebàvo de chàu ;
Liaunou, per coumpossy, lo làisso
Marchâ per lor un pàu pû suàu.
Tan qu'au viso, à boucho deiberto,
Lou poun, lou châtèu, las meijous,
Un drôle molin e alerto,
Segu de quatre ou cinq copous,
Soù lou nâ ve li fâ lo mino,

L'omuso coumo un vrài lourdàu,
Tan qu'un àutre fouro uno eipino
Soû lo quouo de soun animàu.
Quan l'ànisso se sen piquâdo,
Lo rejingo coumo un chobri,
Se jito d'arcado en arcado,
Petouno, fài chorivari ;
Lo s'enlèvo, lo s'eicolarjo,
S'enrajo de soun deiplosei :
A lo fi, cresen que so charjo
Li causàvo tout soun deirei,
Lo se me si for en coulèro
Que lo fài virâ lou ponèu,
E que Liaunou toumbo per tèro,
Eloueira coumo un vrài vedèu.
Lou diâtre sio pà lo conalio !
Di-t-èu, sangutan fortomen :
N'y o pû de jaunesso que valio !
Me siràì bien roumpu 'no den.
Au se lèvo en grotan so teito,
Chobranlan coumo un home tor,
E di tou hàu : Per lo tempeito !
Jarni, si seguio moun transpor,
Iau te roussorio quelo sepo
Qu'is s'en souvendrian de segur.
Au s'eifeuni, au puro, au trepo,
E s'eicredo dì soun molhur :
Helà ! tache touto mo vesto ;
Mo boucho ei touto en d'un molan :
Be l'y o de conalio de resto !
Pài, si vou vesiâ votre efan,
Vous lour secoudriâ be l'eichino.
 Dì quiau ten, quis pitis moràus
Vesian l'eife de lour eipino

Sei s'eimojà de tous sous màus.
Tàu l'un vèu un cha en moliço
Juran de louen countre un barbe
Que l'o treina per lo pelisso
Quan au roudâvo autour dau fe :
Lou che, que ri de so coulèro,
Jingo e japo soû lou bufe,
Tan que lou cha se desespèro
D'ovei l'ennemi pre de se.
Per lor, un peisan que possâvo
S'apràimo per lou counsolâ,
Levo lou ponèu que treinâvo,
Ce que fosio batifolâ
Lo pàubro ânissò màu trotâdo
Per quiau piti-fî de coucu.
D'obor qu'au l'ogue ponelâdo,
Li tira lo rounde dau cû :
Visan, deibrei-me votro boucho ;
Qu'ei re, di-t-èu, n'y o mà dau san.
Au percour so teito, au lo toucho,
N'y rencountro re d'ofensan :
Chotâ, repren-t-èu 'no chandelo
Per pourtâ dovan sento Crou ;
Car vous l'ovei pecado belo ;
Vous sei quite d'essei sannou,
Ce qu'ei causa per uno cocho
Qu'ei grosso coumo un gru de bla.
Au chercho per lor dî so pocho,
Sor un rouquiliou vimela
Qu'èro tout ple d'àigo-de-vito
Doun au li verso sur lo mo :
Rinçâ-vous, lo plajo ei pitito,
Di-t-èu ; n'y auro re demo ;
Lou san vài s'areitâ sur l'houro.

Que ganiâ-vous de menoçâ?
Toujour quàuque diâtre se fouro
Pertout ente nous fàu possâ.
Que Dy v'aye en so sento gardo,
Vous preserve d'àutre aciden.
   Liaunou lou remercio e deiviardo,
Ne fài pû tan de l'indolen,
De pau de quàuqu'àutro aventuro ;
Mâ deicampo toujour au tro,
En bien tolounan so mounturo,
Quan, per-dovan se, lou marmo
Que li 'vio fa quelo sotiso
Se presento d'un er mouqueur.
Liaunou li fài lo miro griso,
Lou san li bulio dî lou cœur ;
Mâ l'ânisso, que se meifiâvo
De quàuqu'àutre troublo-dorei,
Sei voulei s'omusâ, marchâvo
Pû prountomen que ne cour l'ei.
Enfi, citan hor de lo vilo,
S'eitan eissuja, prei l'hole,
So faço deve pû tranquilo.
Per lor au sor soun chopele,
Pren lo crou, sur soun froun lo porto,
Lo bàijo devoucysomen,
Se senio vingt ves de lo sorto,
Rempli soun sen engajomen.
Oyan loun-ten, valio que valio,
Counta lous grus soû soun pause,
Beija souven chaquo medalio,
Au lou sâro dî soun gousse.
Quo dure be no bouno lego.
Qu'ei bo râre quan un peisan
Di sas diezenas tout de sego,

L'un lou vèu reibâ chaque instan.
　Au lèvo aprei un pàu lo teito,
Vèu lou clucher de Sen-Michèu :
Houm, houm, di-t-èu, mâlo tempeito !
Veiqui be un bâtimen nouvèu !
Sirio-quo qui lo domouranço
　Dau seniour de quis Limoujàus?
Anen, Liaunou, fissouno, avanço,
Fosan lauvâ lous vilojàus.
Me prendrian-t-is per un Jan-Quouado?
Soun-t-is bilias pû propomen ?
E lour glieno ei-lo mier peniado?...
Mâ iau maudirio lou momen
D'ovei quîta mo bâticolo,
Si, coumo aliour, dì quiau poï,
Lo jaunesso l'y èro si folo
De rire en nous vesen trohî.
Fau remarquâ que de so vito
Liaunou n'ovio pû 'na si louen :
Jujâ cambe quelo visito
Li balio de creimo e de souen.
Lo devoucy que l'acoumpanio,
　Las belas chausas qu'is li an di
De milo châtèus en Espanio
Li troublen toujour soun espri.
Coumo lou ra de Lo Fountèno,
　Que fosio lou vouyojodour,
En se permenan dì lo plèno,
　Prenio un cossou per uno tour,
Un fy d'àigo per 'no rivieiro,
Las gronoulieiras per daus lacs,
'No meijou per 'no vilo entieiro,
Un roc per lou moun Atelas :
Ensi, quiau garçou, dì so routo,

Ei toujour dì l'eitounomen,
Regardo tout, n'y coumpren gouto,
Bado lo gorjo à tout momen.
Lo bouriquo troto sei peno,
Lou ven 'vio sécha lous chomis :
Au vèu lous Carmeis de l'Oreno ;
Sous eis ne soun pouen endurmis.
Au fài, ja ! Jocomar que souno
L'eitouno en levan soun martèu.
Per bounhur, passo uno persouno
Que s'apràimo quan lo lou vèu,
Qu'èro un peisan de so porofio ;
Que li disse : Liaunou, boun jour :
— Dy vous lou done, Jan Gorofio,
Iau sài votre humble servitour.
— Mâ, moun fi, qu'ei be 'no miraudio
De te veire venî tout soû.
— Mo fe, di-t-èu, qu'ei mo molaudio
Que demando quelo feiçou.
Coumo vous ne sei pâ bobulo
(Nau fau pâ per un cocossier) ;
Ente menâ-vous votro mulo,
Per ne pâ fà lou deipensier ?
Ne sài pouen de quis porto-boto
Que l'y van à ple goubele.
L'àutre li di : Châ lo Charloto ;
Qu'ei ver lo foun dau Chovole.
Se lou faubour, pren à mo manso,
Làisso quelo porto qu'ei lau :
Lo lingo, dì touto lo Franço,
Meno partout ente l'un vau.
Gran-marcei ! que Dy vous benisso !
Reipoun-t-èu, iau l'y m'en vàu.
Au piquo ensuito soun ànisso,

Lo counduisen ver Viracliàu,
En visan toujour trâ s'eichino,
Quan au vèu quàuque marmouse.
Cha eichauda fu lo cousino
Quan is tiren l'àigo dau fe.
Dy marcei tout vài à mervelio
Jusqu'à lo porto Moun-Molier;
Au me soun chopèu sur l'orelio,
Pren lous bèus ers d'un covolier,
E s'eimojinan qu'un lou viso
Coumo un persounaje nouvèu,
Au fài bien bouflà so chomiso
Touto nevo de bri roussèu.
Lou veiqui qu'aribo à lo porto
De lo Charloto; au balio un co :
Lo pàucho, dilijento e forto,
Se levo en li credan : Qu'ei-quo ?
Boun jour, di-t-èu; po-t-un, mo filio,
Domourâ jusqu'aprei-mieijour,
Se pitançà, beure rouquilio ?
Si noun, m'en vau deicendre aliour.
Entrâ, se li disse l'Anniquo;
Lo jen que tenen coboro
Ne domanden qu'à v'ei pretiquo :
Siclià-vous sur quiau toboure;
Vau fâ minjâ votro mounturo;
Notre fe vau de boun voury;
Ne branlei pâ, sabe l'aluro :
Nous fan bouno coumpôsicy.
Dì quiau ten, l'hôtesso Charloto
Deicen per s'en onâ aus bans;
Lo pren sas groulas, so copoto,
Sous fàus bous de chomiso blans,
E ver Liaunou tournan lo teito :

Boun jour, notre ami, Dy sio cens,
Li di-lo de moniere hôneito ;
Venei-vous ôrà lous bous sens?
Liaunou, per li fà lo coulado,
Tiro bien soun pe en orei,
Sur lou pova fài 'no ràcliado
Doun lo lumieiro eiblausi l'ei,
Talomen bien que l'eitincelo
Que surtî de soun so fora
Aurio fa prenei 'no chandelo ;
Lou fusi lou mier plotina
N'en o jomài produi 'no talo.
Lo vài toumbâ sur lou margàu,
Que cramo, e s'enfû soû l'eichalo
S'eimoràunià coumo un grimàu.
Sài vengu, di-t-èu, domoueiselo,
Per un màu que bujo d'eici,
Quan lou sente dî mo cervelo,
Vene coumo un home sunci,
Tout viro coumo uno deibôjo ;
Me siclie, quo passo be tô ;
Mâ, dî lou ten que quo me rôjo,
Quauquas ves dirià que sài fau ;
Pertan, deipei qn'ai fa proumesso
De venî veire sen Marçàu,
Chaque jour sente que quo cesso.
Peche-quo fà toujour entàu !
Li reipoun lo coboretiere.
Amen, di-t-èu ; mâ moun polài,
Mo lingo ni mài mo gourjeiro
Soun secs tout coumo dau jerbài ;
Marchâ me tirâ no rouqueto,
Que quo sio daus pû sobouroûs ;
Fosei-me, si au plà, 'no mouleto,

Farcissei-lo de forço inioùs.
Lo balio vite 'no credâdo
Que tundigue jusqu'au gronier,
L'Anniquo ve touto eisouflâdo,
Car lo courio coumo un lebrier.
Lou diâtre sio pâ de lo sourdo !
Di-lo, fau-quo que fase tout ?
Quelo filio n'ei-lo pâ lourdo !
Tirâ lou vi de quiau garçou,
Tan que 'niràì cherchâ l'ounchuro.
Jomài n'y o re que sio à perpàu.
Ent'ei lo gràisso de frituro ?
Qu'ei tout sen Pei dessû sen Pàu.
L'Anniquo fài tout en grando hâto ;
Mâ l'y o toujour quàucu que brun.
Lo cour, lo fu, n'ei jomài gâto ;
(Lo n'ei pâ filio de retrun).
L'alumo vite lo chandelo,
Mâ n'au fài que tro prountomen ;
Car lou fe pren à lo dentelo
De soun coueifage dau diaumen.
Per deipie, lo vài sei lumiero
'Nâ tirâ lou vi de Liaunou.
Tout un lei de so dovantiero
S'eicebro en d'un cliau jusqu'au bou,
Si bèu, si be, que lo dovalo,
Cresen un mor aprei so pèu,
Jusqu'anto à lo fi de l'eichalo,
En fosen lo cornobudèu.
Lo crèdo d'obor : Iau sài morto !
Moun boutou d'hancho ei tout roumpu !...
Lo Charloto cour ver lo porto,
L'eicouto e di : N'en pode pù !
Lo se siro touto murtrido ;

Maudi sio soun enteitomen !
Lo vài, deisolado e transido,
Dì lo câvo tout en couren.
Liaunou, qu'ovio sur so peitreno
Mei lo meita d'un potoutàu,
S'eissôrelio lo gorjo pleino,
Cour aussi per veire lou màu.
Is troben so chambo entraupado
Dì lou lei que s'èro eicendu
L'àutro que s'èro replejado,
Lou pe vira dessou soun cu.
Liaunou lo viso e se lamento ;
Mâ qu'ei qui soun prencipàu souen.
L'Anniquo, que n'ei pas countento
De ne mâ l'ovei per temouen,
Se tourno ver se, lou regardo :
Deifâ-me per l'omour de Dy ;
Moun tolou de so me pouniardo ;
Lous cliaus me blessen jusqu'au vy,
Di-lo, d'un er qu'attendririo
Lou drôle lou min coumplosen.
Quiau jaune home que peririo
Per rendre service à lo jen
Se grato pertan, fài lo mino,
N'àuso pâ touchâ quiau jounèu,
Cren uno tentocy molino :
Cor ne dô à qui re ne vèu.
Mâ quelo filio, impociento
De se veire dì quel eita
Que lo rendio coumo impotento,
S'eicharnigue de soun coûta,
E li di, d'un er en coulèro :
Visâ si quiau fichou couïer
Qu'o causa touto mo misèro

Ne siro pà lou bèu darnier
Per me tirâ de lo soufranço,
Me soulevâ, me deiprenei !
Aten-me, lo belo esperanço,
M'en vau t'aprenei toun devei.
Tout d'un co, maugra lo Charloto,
Que ne po lo deipoquetâ,
Lo fài tan que lo deimolioto
So chambo, que fài tout petâ,
Se lèvo, li sàuto à lo glieno,
Lou charpi coumo un vrài luti,
L'engràunio, lou ba, lou deimeno,
Lou trato de fa, d'eibeiti,
Jusqu'anto que l'ei d'heileinado,
Countre se lo semblo un demoun.
Liaunou, que lo crèu possedado
Dau molin espri tout de boun,
Se senio, crèdo : Notro-Dâmo !
Au secour ! à l'àido ! moun Dy,
Fosei que ne rende pas l'âmo
Sei qu'aye fa mo counfessy !
 Entàu fogue quelo vipèro
Que l'home mete dì soun sen
Per lo tirâ de lo misèro.
Au le d'un cœur recouneissen,
Lou molhurou 'gue, per so peno,
Quan lo tourne dì so vigour,
Un co de den sur so peitreno,
Que l'eitoufe lou meimo jour.
 Lo Charloto crèdo à so pàucho :
Que t'o doun fa quiau coumponiou ?
L'àutro li reipoun touto ràucho :
Si vous vesià moun croupiniou,
Vous ne forià pà tan l'eimablo.

— Sio ; mâ per jugâ de quis tours
A d'un garçou que sor de tablo
Per venî te boliâ secours,
Au fau que tu sias piei que folo ;
Quiau peisan me porei for dous.
Lou drôle eicouto e se counsolo,
Li crèdo : Me pardounâ-vous ?
Iau n'ài pâ fa quo per moliço ;
Lous Garguilias soun sei venin :
Si au voulio que Dy me punisso,
Jomài n'ài causa de chogrin.
L'Annique, senten so sotiso,
Souri e li paro lou brâ ,
Liaunou, sei fâ lo mino griso,
Lo soute e l'àido à mountâ.
Lo Charloto pren lo chopino,
Que, per bounhur, èro d'eiten,
Tan que Liaunou dî lo cousino
Rameno l'Anniquo que cren
En toumban de s'ètre deidicho
Per lou min l'eipino dau dô :
De bien daus cris lo n'ei pâ chicho ;
Quan lo marcho, lo plen sous ôs.
Entretan, lo Charloto mounto
Chopino de vi dau pù dur,
Tan que lo pàubro Anniquo counto
Tout lou detài de soun molhur.
Liaunou, doun lo lingo lebreto,
De bèu qu'au n'en voudrio suçâ,
Penden que l'hôtesso repeto
Cent ves : Tu devià te cossâ
Las chambas, lo teito, l'eipanlo...
T'à gâta quiau pàubre peisan ;
Viso coumo tout soun cor branlo,

Diâtre d'ounglias de viei chovan!...
Coumo un bussier sàuto à l'eipleito
Qu'en so mo lo toujour tengu,
Crèdo en fujen : Vierjo beneito!
D'un 'hôle lou vau 'vei begu ;
M'ei 'vî que mo gorjo me brûlo.
Bevei, bevei, pàubre pocien,
Di-lo ; n'oyei pâ de scrupulo :
Vous veirei qu'en counte fosen
Iau v'en possoràï douas per uno.
Vole que vous siâ counsola
Coumo au fau de votre infourtuno ;
Prenei quiau bouci de sola.
Poyoràï tout, disse l'Anniquo.
Teisâ-vous qu'ei de mous offâ,
Reipounde l'àutro, e, sei repliquo,
Fau tout-à-houro vous deipoufâ.
Sio fa ; ne sàï pâ couleirouso ;
Mâ diriâ màï que l'un ne se :
Quan lo chàuso deve fachouso,
Maugra se l'un o dau deipie.
Liaunou tout aussitô s'apràïmo ;
Chacun s'acordo e se souri,
L'Anniquo li di que lo l'àïmo
D'un er counten e eiveri.
Au vàï deijunâ d'impourtànço,
Reparo tout lou ten perdu :
Lou po, lou vi màï lo pitànço,
Tout dì l'instan fugue foundu.
Pei remercian pàucho e meitresso,
Disen sas grocias de boun cœur,
Au par per 'nâ auvî lo messo,
D'obor qu'au 'gue fa serviteur.

Chan Segoun.

Liaunou vài veire à l'eicurio,
Trobo lou râtèu bien garni,
S'y deicouti coumo en furio,
Juran vingt ves : Per lo jarni !
Visâ-me si quelo sirvento
M'o pâ cuja rochâ un ei !
Me que lo cresio si plosento !
De tàus filias un soû porei
De me forian plo lo lèu passo ;
Quelo m'o bolia moun poque :
Coumo diâtre lo lous deicrasso !...
N'y sunian pû ; notre coque
Ser coumo un emplâtre de jemo
Dessur un peiroule creba.
Mà qu'ei que quo vous forio cremo
De vous troubâ dì tàu soba.
Do qui douban un pàu lo floquo
De sas linchaussas de coulour,
Per qu'en feiçou de pendeloquo
L'haupas bodinan tour à tour,
Seloun lou degre de lo marcho ;
Deipoussieran bien soun chopèu,
E de soun mouchenâ qu'au chercho
Se deibarboulian lou musèu,
Qu'ovio tropa quàuquo eirafiado
D'un bou d'ounglio daus pû pounchus,
Quan quelo mangano enrojado
Courio sur se, lous deis crouchus,
Au sor e deicen lo venelo
Que coundui ver lou Chovole,
Quan Brenàu, doun l'espri foule

Fosio eipoufidâ lo marmalio,
Lou viso, e chercho, en se fretan,
Uno nigaudorio que valio,
Qu'au 'gue troubado dî l'instan :
Boun jour, l'omi, que vous chogrino?
Di-t-èu d'un er dissimula ;
V'ovei quàuquore dî lo mino
Que porei deimantibula.
Qu'ei vrài, reipoun-t-èu ; dî l'auberjo
Quàuque demoun m'ovio segu ;
Sei lou boun Dy, lo bouno Vierjo,
De segur n'en aurio tengu :
Ensuito au counto soun histôrio.
Brenàu countrufo un er sery.
L'enten, n'en charjo so memôrio,
Per lo dire à quàuque cury.
L'àutre, coumo uno chàuso utilo,
Noumo sous porens, soun peiri,
Di que jomài pû dî lo vilo
Sous sos ne 'vian fa de bouri.
Lou goguenar, risen dî l'âmo,
Fài l'eiloje de so bounta ;
Qu'ei per channiâ bientô de gâmo ;
Car quan au li 'gue tout counta :
Moun omi, làuve l'entrepreso
Que v'ovei fa per votre màu,
Li di-t-èu, mài vau fà 'no meso
Que vous v'en irèi sen e sàu ;
Mâ fau qu'entre lo populaço
Vous feindiei coumo un eparvier,
Per poudei beijà chaquo chasso
De vingt persounas lou prumier :
Qu'ei dire que fau prenei gardo
Quan n'in auro vingt per ufrî,

E, sei suniâ à lo moutardo,
Courei, possâ pûtô sur ì.
Quo n'ei pâ tout; fosei denguèro
Treis ves lou tour de quelo foun ;
Leissâ-me fâ : de lour misèro
N'en ài gori cent tout de boun.
Marchâ, fosei quàuquo prejeiro,
Coumo cinq pâter, cinq âve ;
Fau, de mài, per lo chàuso entieiro,
Chaquo chenàu bèure 'no ve.
Liaunou fài tout en modestio,
Troulio de l'àigo coumo un cro.
Lou meitre de ceremonio
Li di : V'ovei bien fa quiau tro,
Fosei de meimo tout lou resto ;
Vous sei lou pû soben de tous :
Deiboutounâ-me votro vesto
Prei dau boute jonouliâ-vous.
L'àutre s'aproucho e se jonoulio :
Lovâ, di-t-èu, votre parpài,
Iau vau v'eidâ. Mâ au lou moulio
Si for, de çài coumo de lài,
Que so chomiso en ei traucado,
E tanbe qu'un larje boutou
Tenguei lo culoto sorado,
L'àigo li rigolo pertout.
Boutounâ-vous, lo chàuso ei facho,
Di-t-èu, n'oyei pû de danjer.
Châcun, de bèu rire, se cacho,
Se moquo de quel eitranjer
Que souàto à quelo bouno peço
Lo pû grando benedicy,
E l'ogue poya, si au vouguesso,
Per 'vei coundui so devoucy.

Ensi, lo folâtro jaunesso
Crèdo un che d'un toun coressan,
E proufito de so feblesso
Per lou fâ boniâ dì 'n'eitan ;
Lou che se moucho e s'eipoufido,
S'eissujo sei 'vei de venin,
E ve lechâ lo mo perfido
Qu'ei lo càuso de soun chogrin.
  Mâ Brenàu, molino persouno,
Si jomài l'un en o trouba,
Per chobâ soun rôle, li douno
Douas bounas presas de toba :
Qu'ei ce que porto medecino,
Di-t-èu ; sinâ-lou me bien for ;
Qu'ei de boun petun de lo Chino,
Que vài ressucitâ un mor :
Qu'ôtoro de votro cervelo
Quiau bourdounomen impourtun.
Liaunou li fài 'no kirielo
De cent remerciomens per un ;
E, freiche coumo uno leitujo,
Pren lou chomi de Sen-Michèu.
Brenàu, treitre coumo uno ortrujo,
Se de louen quiau roumy nouvèu,
Per eisominâ si au reniflo
Quiau boun remèdi tan vanta;
Car quiau rusa boteur d'antiflo
Per sous bèus mous l'ovio enchanta,
E 'vio mei 'no bouno pinçado
D'olebor qu'èro bien chàusi
Di lo medecino fardado
Qu'ovio si souven reussi.
Lou ten ve ; Liaunou lo sinoto
Jusqu'à lo fi, grô e menu ;

Au víso en l'er, soun ei clinioto,
Tout finî per un eitrenu :
A vos souâs, li crèdo 'no troupo
Sio daus onans, sio daus venans ;
Mâ, per lour reipoundre, au se coupo
Per vingt eitrenus bien pû grans :
Ah ! que maudicho sio lo drogo,
Di-t-èu dî soun ten de relài !
Si per gorî l'o de lo vogo,
Quo n'ei pâ daumin sei trobài
Notâ que, quan quo l'assiejâvo,
Quo li fosio mountâ lo sûr ;
Lou pàubre diâtre s'opouyâvo
De ten en ten countre lou mur,
En d'un mou, jusqu'ant' à l'eiglieijo
Quo lou fài tan eitrenudâ,
Qu'au crèu que soun nâ se deireijo,
Mài s'einuyo de soludâ.
Brenàu, que vèu qu'au se trobalio
Seloun ce qu'au s'èro proumei,
Ri e lou moutro à lo conalio
Que l'ovio segu per dorei ;
Enfi, quiau molhurou aribo
Gâte de bèu de botoliâ,
Lou nâ goutan coumo 'no gribo
Qu'un vinierou ve de toliâ.
Quo cesso : à l'instan au domando,
Se mouchan, s'eissujan lous eis,
A quàuquo solopo quemando,
Que fosio lo guèro à sous peis,
S'is disian bientô quàuquo messo :
Dî lou momen vous sei prou for,
Reipoun-lo ; mài vous fau proumesso
Que quo siro bâclia d'obor.

Boliâ-me, si au plâ, l'aumôno ;
Prejoràì lou boun Dy per vous.
Liaunou choritable li dôno
Doux boucis de po tous crossous :
Dy vous preserve de murino,
Di-lo. — Mài de petun râpa,
Reipoun-t-èu ; lou nâ m'en cousino ;
Crese presque qu'is m'an tropa.
L'apren de se, fy per eigulio,
Tout ce que li 'vio fa Brenàu ;
Lo lou bodino, e Liaunou julio,
De bèu qu'au n'en trosio de màu.
Lo li fài senti lo finesso
De quiau gorisseur d'heibeti,
Qu'o proufita de so feblesso.
Onâ, di-lo, pàubre piti,
A vôtre tour beijà lo chasso ;
Ne fau pâ de superticy :
Qu'ei de vràis tours de passo-passo
Per raliâ votro devoucy.
Votro sento bujado ei bouno
Per causâ quàuquo purisi.
Lou boun Dy dèurio, quan au touno,
Mossocrâ un tàu medeci.
D'aliour, qu'èro 'no viracliàudo ;
Quelo jen n'an pâ lou liniau :
E si qu'èro lo Posseràudo,
Lo chobiardavo coumo au fau.
Mâ, penden quelo counferenço,
Lo messo ei louen de soun espri :
Lou peitre sor ; lo se coumenço ;
Mài l'eivanjile ei deija di.
L'omi, metei dî votro teito
Que vous fosei tro l'amusar ;

Que las messas, tàu jour de feito,
Chaben à n'hauras, lou pû tar,
Di-lo, d'un toun de counselieiro ;
Deipeichâ-vous, vous lo perdriâ ;
Vous veirei si sài meisunjeiro
Mài de quelas que vous creiriâ.
Liaunou lo remercio e s'en entro,
Lou cœur rempli de coumpouncy.
Soun espri d'obor se councentro
Dì lou foun de lo devoucy.
Etan entra, d'obor au sàusso
Soû cinq deis dî lou benitier,
Se senio, sur soû peis s'enhàusso,
Per deicrubî dî quàu cartier
Quelo messo se celebrâvo.
Mà pàubro ! qu'au fugue surprei !
Lo pitito clocho sounâvo ;
Tout lou mounde èro de jonouei :
Ah ! di-t-èu, l'auràï plo manquàdo ;
N'àuviràï gro de quete jour.
Que maudicho sio lo lovâdo,
Mài quiau que m'o juga lou tour !
Si jomài tourne dî lo vilo,
Me meifioràï de quiau calin.
Pàubro creaturo imbecilo !
Coumo à-tu bolia len-dedin ?
Ce que disen, au se jonoulio,
Soludo lou sen Sacromen,
Se lèvo coumo un nigodoulio,
Pourto sous eis, dî lou momen,
Sur lo counstrucy de lo vàuto,
Counto lous piliers, lous vitràus,
Juju cambé l'eiglieijo ei hàuto,
Quan l'y o d'autars e de pourtàus.

L'orgue lou ravi en estâso :
Tous quis gros tudèus de fer blan,
Renjas per ordre dì lour câso,
Châ se n'an ré de ressemblan.
Jomài n'ài vu 'no chàuso talo,
Di-t-èu, coumo quiau cobine ;
Qu'ei belèu lo foun botismalo ;
Chaque cor o soun robine,
Per lovâ, quan quo se presento,
Trento meinajeis tout d'un co.
Moun Dy, ce que lou mounde invento !
Mâ quàu gran marmur l'y aurio-quo
Dau couta de quelo chopelo ?
Lo jen l'y se pourten pertou.
Per lor passo 'no domoueisclo,
Que li di : Qu'ei lou boun sen Lou ;
Is van pourtâ bientô lo chasso
Dì l'eiglieijo de Sen-Marçàu.
Dei loun-ten votre espri trocasso ;
Vous parlâ soû coumo un nigàu,
Aqui planta coumo uno bucho ;
Iau rise de vous veire fâ :
Vous sei beitio coumo uno autrucho ;
Tout lou mounde l'y troubo offâ.
Ah ! reipoun-t-èu, vous sei meitresso
De m'opelâ so, routinier ;
Mâ atende qu'is disian messo :
— Pàubre fa, cherchâ l'aumounier
Que lo vous dijo en doquelo houro ;
Notreis peitreis deijunen tous.
Ei toujour monia qui domouro
Dì l'indolenço coumo vous.
Vous faudrio metre dì 'no nicho.
Courei per ôrâ lou boun sen ;

Lo grando n'ei belèu pâ dicho
A Sen-Marçàu dî quiau momen ;
Mâ ne fosei pâ lo baboïo,
Lou celebran v'atendrio pas.
Gran-marcei, Dy vous baille joïo,
Di-t-èu, l'y vau pourtâ mous pas.
Ensuito au par coumo uno flecho,
L'er eigora coumo un couqui,
Passo d'uno moniero secho
Coudigno l'un, trepo quiauqui,
Bûti toujour e fen lo pràisso
Per podei beijâ lou prumier.
Penden que tout châ se s'empràisso,
Quàuque drôle, molin oubrier
Per fâ uno vinogrorio,
Mài que s'èro senti toucâ,
Lou se, per veire si au pourio
De tout soun cœur lou fâ bicâ.
L'ôcosy vengudo, au lou pousso
Sur lo chasso d'un tal eifor,
Qu'au crèu que soun nâ s'eicobousso ;
Lou san ve ; au crèdo : Sài mor !...
Quàucu di que quo li merito,
L'àutre plen soun sor molhurou ;
Lou coupable, boun ipocrito,
Lou plen enguèro mài que tous :
De qui ve quelo secoududo ?
Li di-t-èu d'un er coundolen.
Ah ! maudicho sio mo vengudo,
Reipoun Liaunou ; mài l'insoulen
Que ne cren Dy, ni so presenço.
Helâ ! si au s'ei 'na coufessâ,
Li an-t-is bolia per penitenço
De s'eibatre à me fâ blessâ ?

— La, la, l'omi, pouen de coulèro ;
Lou trâ-couneisse, li au vaudrài ;
Quiau piti diâtre de vipèro
Se moquo de soun prope pài :
Seguei-me di lo socristio,
L'àigo aretoro votre san :
Remercie Dy, ni mài Mario,
De m'ovei preserva d'autan.
Liaunou lou se, vingt ves repeto :
Si vou lou troubâ, roussâ-lou ;
L'àutre lou mèno à lo cuveto,
Li fouàito de l'àigo pertou :
Lou san tori, au li desiro
Soun bounhur, so prosperita,
S'eissujo bien e se retiro,
Counten de so sincerita.
Au marcho hountou coùmo uno poulo
Qu'un renar ve de deisudâ,
Sor per lo porto ente lo foulo
Poreissio mài se remudâ,
Perce que qu'ei quelo que mèno
Tout dre di lo ruo dau Clucher.
Per lor notre home se demèno,
Cour e ne fài pù l'impocher,
Sei perdre de ten, au dovalo,
Brûlo lou pova coumo un fau,
Jusqu'ant' à lo Colejialo.
Las cliochas d'obor li fan pau :
Malo fouliei ! qualo carcasso
Deven-las vei, mài quàu motài !
Crese que quan lo nible passo,
Las lo renvouyen bien en lài.
Vau metre quelo grosso crubo
Douas eichambodas de poïs,

Que l'ei pù belo qu'uno cubo ;
Lo dèu evelià lous vesis.
E deicenden, au se lo filo
De quis que passen lous prumiers,
E se ran ver lo grando grilo,
Permèno sous eis auseliers
Jusqu'anto qu'au vèu que lo bendo
Se jonoulio dovan l'autar,
E marcho aprei poyà so rendo,
Qu'èri'aqu'avan qu'au sio pù tar ;
Au lous countrufo per routino,
Se jonoulio, di doux treis mous,
Dissipo soun humour chogrino :
Quel instan li porei for dous.
Do qui, se levan, au l'y volo,
Fài die sinieis de crou per un,
Cresen qu'un peitre en soun eitolo
Di un eivanjile à chacun.
Mâ qualo fugue so pensâdo !
Qu'au fugue rudomen surprei !
Quan daus serjans lo troupo armado
Crèdo : reculà en orei !
Ah ! sio fa, di-t-èu, sei repliquo,
De louen forài mo devoucy.
Ne vole pâ qu'aucuno piquo
Me venie perça lou bory ;
D'aliour, quan voudrio fà en sorto
De beijâ quiau bèu cofre d'or,
Avan que fuguesso à lo porto,
Per lou segur iau sirio mor ;
Quis harpoliaus n'an pâ lo gouto
Per l'y m'empeichâ de grapiâ.
Soudar blessa lou fe redouto ;
Mo fo, n'en sentirio las pias.

Notre home tout ple de sojesso
Se me bravomen di un couen,
Per s'oquitâ de lo proumesso
Qu'au 'vio facho per soun besoin :
Gran sen, gorissei lo virâjo,
Di-t-èu, que me troublo lous sans,
Liaunou vous protesto e s'engâjo
De venî tàu jour tous lous ans ;
Oyâ pieta de mo misèro :
Si viravo lou blan de l'ei,
Moun pài, mo mài, n'en forian tèro,
De bèu qu'is n'en aurian d'einei.
Ah! si qu'èro eici lo coutumo,
Doux lumeis brûlorian per vous :
Degu n'en ven, degu n'en lumo.
Chaque poïs o sas feiçous.

Penden que, de touto soun âmo,
Liaunou recito ce qu'au se,
Que tout lou mounde se deitrâmo
Per fà plaço à quàucu que ve,
Sur-lou-chan un grô run l'eitouno,
Lou bru li fài virâ lou chài ;
Un momen au crèu que quo touno ;
L'àutre que lo vàuto s'en vài ;
Lou serpen, lou bossoun, lo basso
Soun per se daus objes nouvèus ;
Mà lorsque moussû l'oba passo,
Tan d'ôficiers e lous bedèus,
Quo li porei quàuquo mervelio.
Penden lou kirie-eleisoun,
Au ne se si au deur au si au velio,
Si qu'ei lo messo tout de boun :
Lo Mor coumo so sounorio,
Las voux, lous chantreis, lous chopiers,

Qu'ei tout de lo surcelorio,
Qu'au rayo de dî sous popiers.
  Leissan-lou qui, mo pàubro Muso,
T'auriâ per me tro de bounta ;
Ce que lou surpren e l'omuso
Sirio tantô douas ves counta.
Tournan-nous-en châ lo Charloto,
Per parlâ d'un àutre chorei.
Tu jasâ coumo uno linoto,
Quan t'esprimâ bien lou potouei :
Si quàuque fistoun te critiquo,
Dijo-li-me, en grô limousi,
Que so franceso retorico
Per te n'ei mâ-quan l'obesi,
E que, tanbe que so lardoueiro
Te pique sei sobei coumen,
So teito n'ei qu'uno pedoueiro,
Qu'ei remplido d'un meichan ven,
Perce qu'au meipriso lo forço
Que l'un vèu reniâ dî tous mous,
E quiau ne counei pas l'eicorço
De l'àubre que lous nûri tous :
Au 'vio rocino en Itolìo,
Limojei n'o 'gu daus grofys ;
Mâ iau vese que qu'ei folìo
De fâ revenî quis precys.
Lo meita de quelo conalio
Trouben tous termeis tro grossiers,
Sei 'vei d'àutro rosou que valìo
Que quelo d'essei trocossiers.
Quan uno mochoueiro pesanto
Te balìo quàuque vilen soun,
Quan un eitranjer que se vanto
Te tourno à lo reversisoun,

N'oyâ pà lo mino bourudo ;
N'en sei-tu min pleno d'opàs?
L'un t'ofenso per obitudo,
E l'àutre ne te coumpren pas.
Fosan qui treivo à notro boringo,
Tournan vite vèr Viraclàu ;
Crèu-me, mouquan-nous de lo lingo
Qui de n'àutreis diro dau màu.

Chan Troisieme.

Nous l'y soun : iau vese l'Anniquo
Se chogrinâ prei dàu foujer,
Renvouyâ cherchâ Dominiquo
Per veire si l'y o dau danjer,
Li countâ tout, e fâ estimo
D'un garçou qu'ei doû coumo miàu,
Qu'o cuja servi de victimo,
Sei qu'au sio coupable dau màu.
Quo siro re : lo n'en ei quito
Per n'en supourtà lo molour :
Doux au treis saus d'àigo-de-vito
Sufisen à l'operotour ;
Quo n'ei mâ uno murtrissuro ;
Quo siro be tô empourta ;
Au ne fau pouen de ligoturo,
Tous leus ôs soun di lour cita.
Au s'en torno e lo goguenardo,
Soran dies saus di soun gousse.
Biliounàu crèdo lo moutardo :
Chacun se retiro chà se.
Sen Marçàu finissen lo messo,

Lo proucessy possoro tô :
Qu'ei ce que anounço lo meitresso,
Que porto doux boucis de rô.
Anen, di-lo, fosan lo soupo :
Qu'ei segur que Liaunou n'en vau.
L'Anniquo de boun cœur lo coupo,
Rempli l'eicueilo coumo au fau.
Liaunou, penden quelo aboundanço
De sentiments à soun aunour,
Per vite se rendre s'avanço,
Passo lo foun avec ôrour.
Brenàu se presento à so vudo,
L'àutre lou fu coumo ennemi ;
Mài quiau mouquandier lou soludo,
Mài lou peisan gânio chomi.
Un lino que vèu lo pipeo
Sur lo qualo au s'ei eichauda,
Filo tout coumo un co d'eipeo,
Tuquetan d'un toun eifreda.
Lo souno, l'apelo sei cesso,
Lou pipeàire fài dau mier :
L'auseu redoublo lo vitesso,
Lo vudo l'eigaro di l'er.
Liaunou vài châ soun auberjisto,
Qu'au coumplimento en begoyan.
E de sous molhurs fài lo listo
D'un er quasimen larmoyan.
Tantô lo ri de lo monieiro
Qu'en se mouquan is l'an rousa,
E de lo chàuso singulieiro
Qu'au di l'ovei tan amusa ;
Tantô, de lo drôlo pinturo
Qu'au fài daus jesteis de lo Mor,
Daus musiciens, de lour pousturo,

De lour soba, de lour transpor.
Mà lo blamo for lo moliço
Qu'en ôran l'y o fa quiau filou :
Anen, Dy vous rendro justiço,
Vous sei pocien, pàubre garçou ;
Qu'ei per v'eiprouvâ qu'au v'eserço,
Di-lo d'un toun ple de douçour...
Ah! lou boun bouliou que se verso !
Si lou goû reipoun à l'ôdour,
Crèdo-t-èu penden lo moralo,
Fosei-m'en un pàu, si vous plâ ;
Me semblo deijà qu'au dovalo.
— Heibe, l'omi, prenei quiau pla,
Qu'ei de lo soupo à lo brejàudo,
Facho de levuras de lar ;
Minjâ-lo penden que l'ei chàudo,
Di-lo, n'en volo be mo par.
Liaunou, que n'o pà besouen d'àido.
Creuso lou gaje dî l'instan ;
Douas ves lo culieiro se vouàido
Sur tan de lechas coumo avan,
E, de pàu que ce qu'ei de resto
Ne chobisse pâ dî soun cor,
Au lâcho jile, ni mài vesto,
Soupiro à lo feiçou dau por.
Qu'èro 'no peitreno forado
Qu'ovio toujour boun apeti.
Quan lo soupo fugue minjado :
Coumo vài-quo, pàubre piti?
Li di quelo pàucho plosento ;
Quelo brejàudo vau lo mài
Que quelo bujado si sento
Doun îs v'an lova lou parpài?
Vouei morjoun ! leissâ-me en pocinço,

Reipoun-t-èu ; votreis Limoujàus
Ne couneissen pâ de coucinço,
N'ài mâ quan trouba daus moràus.
Per lor l'Anniquo lou flôniardo,
Lou bodinan d'un er grocy ;
Se juro que l'ei so miniardo,
Qu'au mei de setembre, si au vy,
Au mossoro 'no pleno gato
De las nousillas de lour cliàu :
Tenei, di-t-èu, quelas qu'un chato
N'an quasimen pâ de noujàu ;
Tro d'ob'houro, sabe l'entrigo,
Las soun tirodas de lour le,
Perce que, per 'vei quàuquo ligo,
Las barjeiras l'y fan lou fe.
Souven l'uno à l'àutro se sàuto,
Per qui l'y pourtoro lous deis ;
Iau las v'envouyoràI, sei fàuto,
Quan moun pài menoro dau boueis.

Dî quiau ten, passo uno seguelo
De fileusas e d'eipingliers,
Que crèden à pleno cervelo :
Couran, veiqui loù pitoliers !
L'Anniquo de marchâ s'eissayo,
Lo reussî ; pû d'er fâcha.
Lo vài sorâ, d'un humour gayo,
Ce que pourio tentâ lou cha.
L'assuro à Liaunou que l'ânisso
Sen tan de fe dî lou râtèu,
Qu'au lei de minjâ lo broutisso :
L'ài facho bèure à ple budèu,
Di-lo, mài sirio for fachado
De fâ coumo dî daus bouchous
Que, quan lo pâturo ei boliado

CHAN TROISIÈME.

For esatomen dovan vous,
Ne domanden mâ votro absenço
Per fâ jûnâ votre chovàu.
Liaunou làuvo so coumplosenço
Per lou mounde e per lou beitiàu.
Penden quiau diologue lo bouàifo,
Renjo las chodiegras, lous bans,
Pren uno courneto e se couàifo.
Belèu quàucun de sous golans,
Lo vesen brulado e coualiouso,
Sei s'eimojà de l'aciden,
Pourio lo creire poressouso
Mâi li bolià soun co de den.
En se miran, lo fài en sorto
De preprenei soun er frique.
Las sorten e baren lo porto ;
Lo Charloto pren lou luque.
 Liaunou deicen coumo lo pàucho
Jusqu'à lo fi dau choreirou.
Sei disputâ per lo mo gàucho :
De tàu mounde sount sei feiçou.
Quo n'ei ten ; l'hopitàu deifilo,
Mài lo crou se troubo un pàu louen.
Notre home s'apouyo en lo pilo
De lo meijou que fài lou couen ;
L'Anniquo li fàusso coumponio :
L'ovio trâvu quàuque locài :
D'un soû co d'ei quelo vilonio
Se coumprenen un ne po mài.
Mâ lo Charloto, en brâvo hôtesso,
Vài prenei plaço à soun coûta ;
L'èro pleno de politesso,
Mài 'vio per se quàuquo bounta.
Bouei vei ! di-t-èu, lo misto chàuso

Rcipoun Liaunou : sàute à pes jouens
Lou bac daus pors ni mài no celo :
Tous mous vesis n'en soun teimouens.
Tanmier, countunio l'aubergisto,
Vous podei prenei votre eilan ;
Car vous ne segriâ mâ lo pisto
De quis que possorian dovan.
  Lo chasso ve, notre home cracho
Dî sas mas, e cour hardimen,
Sàuto à d'un cliau crouchu, s'atacho
Per so vesto, ne sài coumen.
Balan, lou courier de Ruo-Torto,
Per l'y fà tenei soun chopèu,
L'ovio eitocha, coumo à lour porto,
Prou for per l'y pendre un vedèu.
Au se làisso 'nâ coumo uno bedo ;
Mâ lous fiers pourteurs de brancar
Tenen, jusqu'anto à lo Mounedo,
L'eiquilibre d'un si bèu lar :
Lour brà dre dessur l'àutro eipanlo
Làisso toumbâ lou countre-pei.
Liaunou ne bujo ni ne branlo.
Lo jen cresen qu'au s'y sio prei
Per quàuquo partido sensiblo.
Quatre couren lou deitochâ,
Mâ, chàuso eitranjo e bien risiblo !
L'embecile, au lei de marchâ,
Treipo dau pe, racho so glieno,
Crèdan : Iau sài tout eicendu !...
Mài ne denian pâ, dî so peno,
Remerciâ qui l'o deicendu.
Tout lou mounde s'eipoufidavo
Deipei qui jusqu'au Chovole ;
Pâ min lo proucessy possavo ;

Veiqui deijâ sen Donoule.
L'eitouna, s'en se dounâ gardo
Qu'au n'ei pâ qui dî sous eiràus,
Toujour ver lo tèro regardo,
Quan quàucu de quis pounticàus
Que per aquesi lo pocinço,
Ne tenen pâ lou redoubla,
Dî lou miei dau ry, sei coucinço,
Lou pousso coumo un sa de bla.
Lo bilo li mounto; au se lèvo,
Lou cû goutan coumo uno foun,
Pren un roc. Tous li crèden : Trèvo ;
Fujei d'oqui, n'y fài pâ boun.
Au s'aupenio, quan soun hôtesso,
Que 'vio courgu per l'emmenâ,
S'aproucho de se, lou coresso :
L'omi, di-lo, fau v'en tournâ.
Au lo se secouden lo teito :
Lo li fài leissâ soun coliàu.
—Vous 'vei bien fa ; per lo tempeito !
Guesso mossocra quiau moràu.
Que lou diable emporte lo vilo,
Di-t-èu, mài quiau que l'y ei vengu !
Lous surciers s'y counten per milo ;
Crese qu'is m'an tous subrevu.
Si n'ovio pâ fa mo prejeiro
Quan iau sài sorti de moun lie ;
Si 'vio quàuquo humour eitranjeiro
Qu'au mounde pouguei fâ deipie...
Mâ tan s'en fau ; car qui m'empluyo
Troubo châ me soun servitour.
Tenei, morjirei ! quo m'enuyo
Qu'is me jugan entàu lou tour :
Mo vesto s'ei touto crebado,

Reipoun Liaunou : sàute à pes jouens
Lou bac daus pors ni mài no celo :
Tous mous vesis n'en soun teimouens.
Tanmier, countunio l'aubergisto,
Vous podei prenei votre eilan ;
Car vous ne segriâ mâ lo pisto
De quis que possorian dovan.
 Lo chasso ve, notre home cracho
Dî sas mas, e cour hardimen,
Sàuto à d'un cliau crouchu, s'atacho
Per so vesto, ne sài coumen.
Balan, lou courier de Ruo-Torto,
Per l'y fâ tenei soun chopèu,
L'ovio eitocha, coumo à lour porto,
Prou for per l'y pendre un vedèu.
Au se làisso 'nâ coumo uno bedo ;
Mâ lous fiers pourteurs de brancar
Tenen, jusqu'anto à lo Mounedo,
L'eiquilibre d'un si bèu lar :
Lour brà dre dessur l'àutro eipanlo
Làisso toumbâ lou countre-pei.
Liaunou ne bujo ni ne branlo.
Lo jen cresen qu'au s'y sio prei
Per quàuquo partido sensiblo.
Quatre couren lou deitochâ,
Mâ, chàuso eitranjo e bien risiblo !
L'embecile, au lei de marchâ,
Treipo dau pe, racho so glieno,
Crèdan : Iau sài tout eicendu !...
Mài ne denian pâ, dî so peno,
Remerciâ qui l'o deicendu.
Tout lou mounde s'eipoufidavo
Deipei qui jusqu'au Chovole ;
Pâ min lo proucessy possavo ;

Veiqui deijâ sen Donoule.
L'eitouna, s'en se dounâ gardo
Qu'au n'ei pâ qui dî sous eiràus,
Toujour ver lo tèro regardo,
Quan quàucu de quis pounticàus
Que per aquesî lo pocinço,
Ne tenen pâ lou redoubla,
Dî lou mièi dau ry, sei coucinço,
Lou pousso coumo un sa de bla.
Lo bilo li mounto; au se lèvo,
Lou cù goutan coumo uno foun,
Pren un roc. Tous li crèden : Trèvo ;
Fujei d'oqui, n'y fài pâ boun.
Au s'aupenio, quan soun hôtesso,
Que 'vio courgu per l'emmenâ,
S'aproucho de se, lou coresso :
L'omi, di-lo, fau v'en tournâ.
Au lo se secouden lo teito :
Lo li fài leissâ soun colïàu.
—Vous 'vei bien fa ; per lo tempeito !
Guesso mossocra quiau moràu.
Que lou diable emporte lo vilo,
Di-t-èu, mài quiau que l'y ei vengu !
Lous surciers s'y counten per milo ;
Crese qu'is m'an tous subrevu.
Si n'ovio pâ fa mo prejeiro
Quan iau sài sorti de moun lie ;
Si 'vio quàuquo humour citranjeiro
Qu'au mounde pouguei fâ deipie...
Mâ tan s'en fau ; car qui m'empluyo
Troubo châ me soun servitour.
Tenei, morjirei ! quo m'enuyo
Qu'is me jugan entàu lou tour :
Mo vesto s'ei touto crebado,

Moun hobi niau semblo un tourchou...
Si dorei quàuquo grofouliado,
Bien arma d'uno bouno hochou,
Vesio possâ quiau fî de p..o,
Li forio perdre lou janzi
De venî me cherchâ disputo.
Quiau che de mino de transi !
Chut..., li di-lo, votro menaço
Vous ser coumo l'as de carèu ;
Cresei-me, leissâ-lour lo plaço,
V'ariborio quàuque bourèu :
Toujour quàuque vilen quar d'houro
Troublo lou repàu d'un chacun ;
Quiau qu'en pa lou moti domouro
Sen l'en sei un trouble impourtun.
Countâ que touto àutro persouno
Pourio vei lou meimo aciden ;
Sufi qu'un aye l'amo bouno,
Per que l'un sio tenta souven.
I'ài vu, dî talo circounstanço,
L'un regretâ soun so cossa,
L'àutre mountâ, per deipitanço,
Sur quiau que l'ovio surpossa ;
Quiau-qui s'ètre fendu lo cilio
Per 'vei hurta countre lou bor,
E quiau-lài planiei so chovilio
Supourtan à peno soun cor ;
Mài for souven quàuquo friqueto,
Moutran un cœur daus pû zelas,
L'y leissâ coueifo mài bouneto,
Tournâ lous piàus eichovelas.
   Lo fài tan que l'obte lo palmo
De lo victôrio de soun cœur.
Liaunou souri, soun fe se calmo ;

D'aliour, au n'ei pâ quereleur ;
Mâ pourtoriâ souven lo lingo
Sur lo den que nous fài credâ ;
Quàucus, per lou bou d'uno eipingo,
Juren coumo daus possedas.
Au n'y o qu'an lo teito voulajo,
Que v'ensulten dî l'ôcosy.
Per se crèu quelo fenno sajo,
Sei qui tan fâ de l'homme vy ;
Car, tanbe que l'home en chomiso
Li aye fa mochâ lou coude,
E qu'à lo fi de quelo criso
Lo jen lou moutran tous dau de,
So mino, louen d'ètre eiferablo,
Quan au 'gue 'gu quelo leiçou,
Porogue touto rosounablo :
Mâ be èro-quo un brave garçou !
Souven, en jugan à lo troïo,
Disputan per quàucun daus cros,
Sous counponious se fosian joïo
De boliâ ferme sur sous os :
Au be, lorsque qu'èro à lo poco,
Que soun desir èro tro proun,
Is lou butian, e quàuco croquo
Toujour aribavo à soun froun.
Cambe souven à lo mo chàudo
Vio-t-èu devina lous fropeurs.
E vu deimenti lo cliopàudo
Que li boliovan quis menteurs !
Eh be, louen que quelo borelio
Li foguesso quàuque degrèu,
L'innocen, doù coumo uno ovelio,
S'eibotio au deipen de so pèu.
Qu'èro, en d'un mou, lo meliour pâto

Daus droleis de tout Sen-Marti ;
Car mo muso se forio gâto
De tan soutenei soun parti.
　Penden touto quelo moralo,
Sen Rustique 'vio trâpossa ;
Lo crou de lo Colejialo
Porei avan quàu sio ploça.
Au se reme doun à so pilo
Per veire lou boun sen Marçàu,
Jujan, coumo chàuso inutilo,
D'entreprenei quàuqu'àutre sàu.
Lo plajo n'ei mâ-quan tro freicho,
Di-t-èu, lou boun sen l'y auro eigar ;
Ne vole pâ que moun màu creicho,
N'en ài plo 'gu mo bouno par.
Ah ! di-t-èu, d'un er de surpreso :
Veiqui lous pitis soletas
Qu'hei moti 'vian fa l'entrepreso
De fâ tan de mechancetas :
Veiqui plo lou bufo-barboto
Que quasimen vous forio pau.
Visâ, domoueiselo Charloto,
Quiau que ressemblavo un vrài fau.
Que vau dire quelo pelisso
Qu'an sur lous bras tan de cures ?
Vouei, tan be que lo sio bien lisso,
Quo fài daus paromens bien les.
Me dôte que qu'ei lo deipoulio
De quàuqueis mounstreis si meichans,
Qu'avalen, coumo uno gronoulio,
Lo jen, meimo lous pû puissans.
L'y o quàuquas ves que quo vous suço.
Belèu lou sen 'vio tua quis lous ?
Pàubre fa, di-lo, qu'ei 'n'aumusso ;

Lous chonoueineis n'en porten tous.
— Veiqui plo quelo belo cano
Qu'ovio quiau gran boune fendu.
Per mo fe, crese qu'au l'ofano :
Mài si quo li èro defendu
De fâ lo mindro permenado
Sei quiau batou recourquilia,
So mo sirio tô fotigado,
Quan au se trobo en tàu bilia ;
Car soun vicari que lo porto
Lo sâro de sous doux pounieis.
Iau n'ài vu jomài de lo sorto
Pourtâ de cano e de bouneis.
Aih ! vous ne disei re que valio,
Seniâ-vous, di-lo, prejâ Dy.
Visâ moussur l'oba que balio
Sur lo jen so benedicy,
Ofrei de louen à lo reliquo
Votro counfianço e votre vœu ;
Ne risquei pâ de co de piquo,
Car v'auriâ belèu vilen jeu ;
Notre boun sen, quan un l'invoquo,
Fài daus miraclieis tous lous jours :
Quan moun opressy me sufoquo,
Qu'ei ver se qu'ài d'obor recours.
  Liaunou fài ce que lo desiro.
Tout ei possa, lo foulo ve :
Chacun ver châ se se retiro ;
Lo fài de meimo, e Liaunou se.
L'Anniquo, qu'o regre dî l'âmo
D'en tàu quitâ soun amouroû,
Car quis lecho-c.. de modâmo
Fan daus diologueis sobouroux ;
A meijou se ren lo darniero,

Sei planiei queisso ni ratèu.
Ah ! veiqui plo lo bouno oubriero !
Di notre home quan au lo vèu ;
Lo m'o vu pendu, mài per tèro,
Sei marquâ lou mindre chogrin...
Ne me fosei pâ tan lo guèro,
Li reipoun-lo d'un er mutin.
Car i'ài renvouya tout de suito
Vous secoure di l'emboras,
E quiau que tout à hauro me quito
V'o soutengu de sous doux bras.
Eh be, repren-t-èu sen rancuno...
Ne cresio pâ vei tan de tor ;
Me souvendrài, pitito bruno,
De quiau secour jusqu'à lo mor.
Si vous poudio 'vei per counpanio,
Vous ne restoriâ gàire eici.
Tenei, n'àime pâ lo campanio,
Li reipoun-lo, mâ gran-merci...
D'aliour, iau sài no pàubro filio
Que ne vous forio pâ gran be.
Tan piei, di-t-èu, lou pài Garguilio
Me vau fâ dire un riche abe.

Is fan aprei lou porolelo
De lour chuto e de lour molhur.
L'Anniquo di : Qu'ei bogotelo ;
N'oven d'enguèro dau bounhur.
D'àutreis que nous, queto journado,
Si 'vian 'gu de tàus countretens,
Sirian tous en copiloutado ;
Mâ nous deven être countens.
Maugra quelo bourelorio,
Nous n'oven re de danjeirou ;
Tan s'en fau qu'ei 'no drôlorio..

Nous ne soun pâ tan dauveirous.
Au ri : cependen au n'en pesto,
Sunian qu'au n'en o be prou 'gu.
Soun nâ, soun coude mài so vesto
Li balien presque lou sangu.
Lo Charloto alor li domando
Si au minjorio quàuque croutou.
Liaunou reipoun : que Dy v'au rando ;
Vous m'ovei prou douna de tout :
Si fau, poyorài mo deipenso.
— N'au crese gro, moun pàubre omi,
V'ovei be prou fa penitenço.
Que Dy vous counserve en chomi,
Mài vous pàiche boliâ per guido
Votre boun anje protetour.
Que degu n'aye lo butido
De vous jugâ quàuqu'àutre tour.
Ne poyei mâ per lo mounturo :
Mo fo, lou fe me côto char,
Mài, de segur, sur so pâturo
Ne ganie pâ lou mindre liar.
Sept saus ne soun pâ grando chàuso.
— Noun gro : lous veiqui, sorâ-lous ;
Votro bounta siro lo càuso
Que d'hei 'n'an tournoràì châ vous.
Leissâ-me, si au plâ, 'no ridorto ;
N'ài gro fa quelo pervisy.
Si l'ôblidavo de lo sorto,
Mo mài me minjorio tout vy.
D'aliour, lo m'àimo coumo micho,
Di-t-èu, mài quan moun màu me pren,
Lo pàubro fenno n'ei pâ chicho
De m'ovei dau po de froumen.
Prenei quelo, di lo Charloto,

Vous n'en ovei qui per siei blans ;
Vole ètre uno folo, uno soto,
S'is lo vous dounovan aus bans.
 Quàucun qu'en medisen s'engràisso,
Que languiro sei chipoutâ,
Me diro qu'en possan per Aisso
Liaunou n'en poudio be chotâ.
N'en ei d'oquo coumo dau resto ;
L'un n'y sunio mâ quan quo ve.
Fài piei quiau que juro e que pesto
Per poudei troubâ ce qu'au te.
Mâ au lo payo tout de suito,
Disen : A Dy siâ, 'nâ m'en vàu ;
N'y o si bous omis di lo vito
Que ne se quitan à perpàu.
Que lou boun Dy vous beneisisso,
Ni mài quelo filio qu'ei lài.
M'en vau 'nâ querì moun ânisso ;
D'oqui, si Dy plâ, m'en irài.
L'y vau, li disse lo sirvento,
Ne bujei pâ, remetei-vous :
Me charme d'ètre coumplosento
Per un camponiar aussi dous.
Lo par e l'o bientô menado.
Liaunou lour di, lou chopèu bâ,
Ady ; jusqu'ant'uno àutro annado,
Sei màu nous pàichan-nous troubâ !
Me souvendrài de votro porto,
Dau choreirou, dau foumorier.
Au mounto, e so beitio l'emporto
Prountomen jusqu'à Moun-Molier.
 Ah ! qu'ei plo ten, mo pàubro Muso,
De sortì de quiau cobore :
Iau te domande bien escuso

De t'y 'vei fa langui per re.
Que volei-tu? dî moun histôrio
Las fennas an 'gu tro de par;
E, quan l'an parla, lo memôrio
Ne se deiboujo que for tar.
Qu'ei de franchas lingas de pelio,
Que ne saben pâ se bournâ.
Vài-t-en deicrossâ toun ôrelio,
Las lo t'an plo facho cournâ.

Chan Quatrieme.

Lo vilo poreissio deserto :
Quo n'èro pû quiau mouvomen;
Vous 'gussâ di que quàuquo perto
Causavo de l'eitounomen,
Sur-tout dî l'Andei-de-Moninio,
Lo Crou-Nèvo mài Croucho-d'Or,
Treis ruas d'uno tristesso indinio :
Chacun l'y regretavo for
Lo proucessy, lo multitudo
De quis que venen de pertout,
Qu'ovian charma lo solitudo
Que reniavo dî soun cantou.
Quàuqueis-us doun lo mino pietro
Moutro lour espri atocha,
Fosian tirâ de lour fenetro
Quàuque viei topi tout tocha;
Plusieurs grans-pàis 'vian à lour tablo
Lours nôras ni mài lours garçous,
Que lour countovan quàuquo fablo
Per poudei 'vei quàuqueis peçous.

D'àutreis châ quàuque comorâdo
Fosian l'eiloje d'un chambo,
E d'uno santa repetâdo
Poyovan chacun lour eico.
Lo diminucy de lo foulo
Ressemblavo, dî quiau moumen,
Au deibordomen que s'eicoulo
Per leissâ lou meimo couren
Au liei reglia d'uno rivieiro.
Las peisonas per lous chomis
Relevovan lour dovantieiro,
Per tournâ troubâ lours pitis.
Quan Liaunou chomino en so sàumo,
Parlan toujour entre las dens,
E soun espri jomài ne chàumo
Per repossâ lous acidens
Qu'au ve d'eissujâ dî lo vilo ;
Mâ ropelan lou souvenî
De soun hôtesso tan civilo,
Quo lou fài d'obor revenî.
De ten en ten l'ardour l'embrâso
De poudei bientô aribâ :
Penden douas ves, dî soun estâso,
So ridorto cuje toumbâ.
Li 'ei 'vî deijâ que lo Franceso
Li domando coumen quo vài :
'Vei-vous bien fa votro entrepreso ?
Que l'y o-quo qui ? que l'y o-que lài ?
Au se que faudro qu'au li au dijo.
Dy lou garde d'ètre menteur
Enver uno si bouno omijo ;
Qu'ei lo miniardo de soun cœur,
E quelo, si Dy lou counservo,
Que countentoro soun amour.

Au li au vau countâ sei reservo,
Dovan que sio lo fi dau jour.
Coumo quelo ideo lou pràisso,
Notre home vài coumo un ausèu,
Countunian soun chomi jusqu'Aisso
Sei 'vei de countreten nouvèu.
Qu'ei vrài que lou poun de lo vilo
Lou fài soupirâ en possan,
E qu'au li mounto un pàu de bilo
Quan au se souve de soun san.
Mâ bat! au piquo de moniero
Qu'au ne cranie pû lous copous,
Tanbe que so beitio auzeliero
Soufle sur l'endre molburou.
Dî pàu de ten au fài so routo.

Lou veiqui qu'aribo au pàissei
Ente so meitresso, sei douto,
Devio se troubâ quete sei.
Lo lou vèu, lo lou coumplimeuto,
Li domando soun pourtomen,
E Liaunou, de feiçou plosento,
Reipoun à tout poulidomen.
'Vei-vous vu de chàuso nouvelo,
Li di-lo, châ quis Limoujàus?
Lo proucessy l'y èro belo?
Cambe valen lous potoutàus?
Per te dire moun avanturo,
Nous n'aurian jusqu'anto à lo ne;
Vole 'nâ sorâ mo mounturo
Ni mài me pausâ sur moun lie.
D'obor qu'auràiI channia de vesto,
Demo sen fàuto tournoràiI
Per te countâ touto lo resto :
Tu saubrâ bouri-t-e bolài.

Mâ veiqui lo meliour partido.
Te parle pâ dau cobore
Doun i'âi vu lo pàucho eimolido
Voulei m'eicopijâ per re ;
Ni de l'entalio e de lo croquo
Que moun visaje o reçòbu ;
Ni dau medeci que se moquo
D'un pàubre eitranjer meisôbu.
Te vau menâ, sei deivirado,
Di l'eiglieijo de Sen-Marçàu,
Ente faudro que chaquo annado
M'en torne prejâ per moun màu.
L'y sài 'na venerâ lo chasso,
Mài m'enmessâ, tan be s'avei :
Mo fogu d'obor tournâ faço.
Daus gueriers gardovan lou lei.
Sei voulei fâ lo chàucho-buto,
Coumo quàucu de quis soudars,
Me sài mei fugen lo disputo,
Ver lou pû piti daus autars,
Qu'èro garni de mousselino,
D'unas buretas, d'un pintou,
Qu'èro de motiero for fino,
Mài d'un bèu pla grova pertou.
Di quiau couen me cresio à mervelio
Per veire tout sei me jeinâ,
Eh be, mo filio, i'èro à lo velio
De m'en fujî sei resounâ.
Car un ôgre, qu'o 'no sautàino
Larjo coumo un sa de teissier,
Que, di chaquo manjo que tràino,
Metrio de bla mài d'un seitier,
Qu'apouyo dessur soun eipanlo
Soun grô bâtou d'arjen mossi,

M'o poussa, me disen : deibranlo
Vite, retiro-te d'eici.
— Ne cresio pà que quelo plaço
Pouguei jomài tentâ quàucu.
— Tu rosounâ, fichu brodasso?
Mo fe t'aurâ d'au pe-t-au cu.
Qu'ei plo per lor qu'au lei de joïo
Moun pàubre cœur 'vio dau regre?
Mâ m'o fogu fâ char de troïo,
Maugra mo heino e moun deipie :
l'ài vite vira ver l'eichalo,
Chaupissen ràubo mài jounèu,
Fugen l'autar coumo lo galo,
De pau de quàuqu'àutre bourèu.
Mâ dî lou ten que m'en onavo,
N'en ei vengu n'àutre porier
Qu'en so verjo negro eimanciavo
Tous quis qu'èran dî quiau cartier.
Plaço ! disio-t-èu sei tendresso,
Reculâ-vous per fâ possâ :
Ne vesei-vous pà que lo messo
Dî lou momen vài coumençâ?
Lo foulo s'etan retirado
Per li fâ lou chomi pû gran,
I'ài vu per lo porto griliado
Venî quàuquore d'eitounan.
Jomài sei vu chàuso si belo :
Doux pitis jauneis marmisous,
Tenen chacun uno chandelo,
Marchovan lous prumiers de tous,
Tan freicheis coumo uno sireijo :
Lour comisolo de dra d'or
Fosio veire que quelo eiglieijo
N'ei pà sei 'vei quàuque tresor.

D'obor aprei seguio 'no filo
De sept peitreis bien hárneichas,
Marchan d'uno mino tranquilo,
Lours eis sur lo tèro atochas :
Lou darnier, pourtau sur so teito
Lou meitre boune per lusî,
Visavo, de moniero hôneito,
Lou mounde per lous beneisî.
So cano, qu'èro recourbado
Tout coumo lo quouo d'un chonei,
Ni mài so crou qu'èro daurado,
Lusissian coumo lou soulei.
Tout brilio, jusqu'à so chaussuro ;
Qu'ei tout or sur sous souliers blans :
Sas mitas 'vian uno brouduro
Touto pinado de clinquans.
Doux tenian, per lo benderolo,
Chaque couta de soun touailiou,
E doux, qu'èran sei comisolo,
Sous bouneis e soun lampeirou.
Un troisieme li o prei so cano,
Quan is soun eita ver l'autar ;
Mo fo, dî quiau ten, lo miaugrano
Me fosio plo mountâ lou far ;
Car lo foulo que me chauchavo
Me fosio crebâ de cholour,
E moun eichino rigolavo,
De bèu qu'èro surti de suour.
Per bounhur, mo pàubro Franceso,
Quan tout quiau trin o 'gu possa,
Ver lo plaço qu'is nous 'vian preso
Lou moude s'ei vite avança.
Mo peitreno èro d'heilenado,
Si n'èro cita quiau dou momen ;

l'ai jauvi d'uno respirado,
Mâ qu'o dura bien courtomen.
Tan qu'is me foulovan sei cesso
Coumo un veritable chaussou,
I'ài vu que quiau que di lo messo
Ne lo se pâ dire tout sou ;
Fau que lo sio dî quelo vilo
Pleno d'*oremus* mài qu'aliour,
Au que lo sio pû dificilo
Per 'vei tan de mounde alentour ;
Au que lo coutumo sio talo.
Tu sabei que notre cure
Di soû lo messo porofialo :
L'in n'en ài counta cha de die ;
Mâ, tanbe que lo sio bien lounjo,
Sous pes ne li fan pâ de màu ;
Car au domouro, sei meisunjo,
Sur un bèu fauteur de repàu,
Servi coumo lou rei de Franço,
Per lou min lo meita dau ten,
E per li boliâ de l'eisanço
Chacun se disputo lou ren.
  'Vio domoura mài d'un quar d'houro
Tan buti, coudinia, chaucha,
Que voulio channiâ de domouro
Sei cranie de fâ de pecha.
De tout moun cœur iau troboliavo
Per poudei me tirâ d'oqui,
E mo peno à màu s'en onavo,
Quan i'ài vu veni lou couqui
Que de segur semblo uno môno ;
Mài que, si vous lou cresei pâ,
Dî lou bèu miei dau cû vous dôno,
Que fosio segre pâ à pâ

Doux peitreis marchan en silenço,
Doun l'un servio de porto-crou ;
L'autre pourtavo en reverenço
Quàuque libre ple de plastrou,
Cuber d'une belo medalio
Que lusissio sur dau velour :
Me sài tira, valio que valio,
Per poudei me ploçâ aliour.
D'oqui, lous seguen à lo pisto
Jusqu'anto au bâ d'un gran bole
Doun l'eichalo ei bruno mài tristo,
Quiau grô ventre de peiroule,
Quan i'ài vougu deibri lo porto
Per poudei mountâ dî lou hàu,
M'o reprimanda de lo sorto :
Crese, m'o di l'ôre brutàu,
Que faudro lo moreichaussado
Per t'empeichâ d'ètre impourtun ?
— Helâ ! veiqui lo soulo annado
Qu'eici mo boucho o fa dau fum ;
Oyâ pieta de lo beitiso
D'un pàubre innocen d'eitranjer,
Que, si au v'o fa quàuquo sotiso,
N'en counei pâ tou lou danjer.
Ne voudrio pâ vous fâ de peno,
Li ài reipoundu lo larmo à l'ei,
Lo plaço à sû n'ei pâ si pleno
Que pàiche vous fâ de l'einei.
I'ài pertan toucha so coucinço.
Mounto, fermo lou pourtonèu,
Tu me forià perdre pocinço,
M'o di quiau mino de bourèu ;
Mâ meto-te dî quàuquo plaço
Que tu ne fasei pâ de bru,

CHAN QUATRIEME.

Car te boliorio de mo masso
Sei marchandâ ! t'au dise cru.
Sài mounta, fier de so reipounso,
Coumo un garçou qu'o mena blan,
E qu'au chopèu 'vio fa lo brounso,
Quan au l'y fouliavo en tremblan.
Iau n'ài pâ 'gu gania lo cimo,
Que me sài gandi per un bou,
Disen : si quiau goliar s'animo,
Tàtorài plo de soun bâtou.
Per bounhur i'ài gania mo cordo ;
Lou porto-libre oyan chanta
Quàuquore que fài qu'un s'acordo
Per ne pù domourâ planta,
Qu'au prumier mou vous semblorio
Qu'en bâ is fan de lours celous
Daus martèus de popetorio,
Qu'un aprei l'àutre frapen tous ;
Moun revenan à grando ràubo,
Per tournâ menâ quiau porei,
Fugen coumo qui se deràubo,
Ne m'o mâ vu per lou dorei.
Quan l'ài vu deicendre l'eichalo,
M'èro ovi qu'èro en porody.
Me rajauvissio que lo malo,
Ni mài n'en remerciavo Dy.
Mâ cresc que d'un quar de lego
Quis surciers sentian moun ôdour ;
Car iau n'en ài vu, tout de sego,
Doux que fosian lou meimo tour.
Is 'vian aumenta lour coumponio
De doux pitis porto-flambèus,
E quelo jibe de vilonio
Menavo doux peitreis nouvèus.

Quan i'ài vu veni quelo troupo,
Me sài transi coumo un chovàu
Que sen quàucu dorei so croupo,
Que ne vau mâ li fâ dau màu.
Mâ for souven l'home s'inquieito
Bien mal à perpàu sur soun sor :
Quan un o lo froyour en teito,
Touto oumbro nous porei un mor.
Iau cronio tan quelo sequelo,
Que n'en èro tout interdi ;
Eh be, qu'èro uno bogotelo,
Lou diâtre l'o be qu'is m'an di.
Me sài mouqua de mo faiblesso,
Tout aussitô qu'ài 'gu coumprei
Qu'is disian un trô de lo messo ;
Chacun di seloun lour emplouei.
Quis darniers ovian per lour tacho
Lou sen eivanjile à lejî ;
Qu'ei per hoquo que l'un atacho
Lous eis fissomen dessur î.
Tout dî lou chantodour se miro,
Jusqu'anto qu'au sio deicendu ;
Lou quîte gran-peitre se viro,
Coueifa de soun boune fendu.
L'un se senio e fài lo coulado
Tout coumo is lo fan ver châ nous ;
Lous peitreis, lo teito beissado,
Dever l'autar se viren tous.
Quiau mounde, lour tacho remplido,
S'en soun toúrnas sei me fâ tor.
Qu'ei qui que tu sirâ transido ;
Se me bien dî tout moun ropor.

 D'obor, per te countâ lo chàuso
Sei que tu l'y troubei d'ofâ,

Te dirài que, penden lo pàuso
Qu'is restovan sû sei re fâ,
Doux que porten sur leur eichino
De bèus mantèus broudas d'or fi,
De pau qu'is prenguessan rocino,
Tout d'en pes jusqu'anto à lo fi,
An quita tout d'un co lour plaço,
S'entre-soludan coumo au fau,
Per se permenâ dî l'espaço,
Tantô de sû, tantô de çau.
T'oguessâ 'gu de lo coulèro
De lous veire d'un er glory
Se carâ, lo prestanço fièro,
Sei 'vei de respe per lour Dy.
Dî quelo eiglieijo l'un obuso
De lo bounta de sen Marçàu :
Is sen soun tournas ver lo buso
Que porto lou libre messàu,
E prenen, seloun lo boutado
De lour teito e lour esperi,
Uno cano d'arjen mounlado
Coumo un bâtou de peleri,
Se soun meis de feiçou coumodo
Per visâ quiau qu'o sû chanta,
Car quis doulieis saben lo modo
De bien meinojâ lour santa.
Qu'ei re d'enguèro que lour fàuto
Tanpiei per is si soun pimpans.
Mâ de veire soû quelo vàuto
Qu'uno foulo de sacripans,
Ples de vi, de surcelorio,
Venian qui fâ lour carilioun,
Mo fe lou san vous bulirio ;
Mâ t'au vau countâ tout dau loun :

Quis que m'ovian rendu visito
N'an pâ 'gu pleja lour poque,
Qu'un grô ivronie que merito
D'être trota de freluque,
Qu'un distengavo dî lo troupo
Per être un boun Rojer-Boun-ten,
O coumença, deibren lo goulo,
Soun *Patren jarnipotenten.*
D'obor doux qu'àimen lo zizoueino,
Per moutrâ qu'is chantovan mier,
E per li atirâ quàuquo goueino,
Se soun fourja chacun lour er.
Vei n'en qui d'uno àutro vengudo :
Quatre pâ pû grans que daus chaus,
Sur lour sessàume oyan lo vudo,
S'eissicliovan coumo daus faus.
Is 'vian sur lour teito rosado
'No coloto roujo, e lous cors
'Vian dessur uno àubo empesado.
Quis cheis fosian daus cris si fors,
Qu'un qu'èro qui que lous counduisio
N'en ovio be tan de deipie,
Qu'au lous menoçavo, e lour disio :
Pitis, vous levoràí dau lie.
Mâ bat ! is 'vian dî lour cervelo
Quàuquo furour de perchantâ,
E lo fouje dî lo jovelo,
Per ne pâ voulei l'eicoutâ.
Si tu cresiâ que quelo enjenço
Se deinio metre de jonouei
Quan l'eilevocy se coummenço,
Jomài pû tu n'auriâ tan prei.
Qu'ei per lor qu'ài vu 'n'àutro autieiro
Que me poreissio un boun vàurien ;

Car, au lei de fâ so prejeiro,
Coumo lo fâi tout boun chretien,
L'aupenia me fosio 'no mino
Coumo quelo d'un devouya,
Repetan lo meimo routino :
Alleluya, alleluya...
Renar soli, t'â de lo taro...
— *Tu ne sei qu'un more viti...*
— *Tu ne pourtâ re, garo ! garo !...*
Dre sur eici, dre sur eici...
— *Orâ per dau nôbi,* credavo
L'àutre, qu'èro ple coumo un iau.
Tan mài lou meitre l'eimanciavo,
Tan mài lou cheiti venio fau.
T'â be vu, per 'no bogotelo,
Notras fennas s'entreprenei :
L'uno pesto, e l'àutro l'opelo
Dau noum que lo troubo lou piei.
De lài n'en ve uno empreissado,
Lous eis furys coumo uu serpen,
E doun lo lingo ei plo filado,
Que di cent mous di lou momen.
Sur-lou-chan lo troupo s'aumento ;
Las fan un soba de molhur ;
N'auviriâ ni rosou ni plento,
Mâ-quan dau bru e dau marmur.
Is fan piei, car las soun defôro :
Per is se mouquen dau boun Dy
Jusquo dî so propo domôro,
Sei 'vei lo mindro devoucy.
Quàuqu'àutre demoun en coulèro,
Qu'ovio pourta de dî l'enfer
Uno barboto au 'no vipèro,
M'eitoune be d'enguèro mier :

L'ei tan grosso coumo lo queisso,
Negro coumo un vrài tartori ;
So teito fini en eitreisso :
Mo fo, lo vous rendrio eipauri.
Lo fermavo si for so gorjo,
Qu'au bufavo, tout en furour,
Coumo lou souffle de lo forjo
Dau moreichàu de notre bour.
Per lo flotâ au li possavo
Sous deis douçomen sur lo pèu ;
Mâ lo cheno s'eibromelavo
Dî l'eiglieijo coumo un taurèu.
L'àutre jugavo d'uno fleito
Qu'ei tan grosso coumo un borou
Malo fouliei ! lo belo eipleito !
Lo cinq pes de lo cimo au bou.
L'ôre sâle qu'o lo pretiquo
De bufâ dî quiau gran aubouei
Lo fài rundî toujour per piquo
Coumo un che que l'un trato au piei.

Un àutro diâtre de monobro,
Tantô siclia, tantô leva,
Me sejavo, boun jour, boun obro,
Quàuque grô trô de bouei cova,
Tan be qu'un àuve, sur l'eicorço,
Coumo lou bru d'un burgaudier,
L'aupenia, de touto so forço,
Troboliavo sur l'atelier.
Las treis quatre cordas qu'au sejo,
Sei n'en cossâ lou mindre trô,
Moutren que lou diable qu'au prejo
Se troubo luja dî quiau crô.
Doux clioquetàireis en coulèro,
Lous piàus feris coumo un chovan,

De lours pes fropovan lo tèro
Sur un guindre qu'èro dovan.
Is 'vian un popier de chicano
Que lour fosio moutrà las dens
Coumo uno jumen que rochano.
Mous goliars èran plo countens;
Mâ quan is vesian lo boutado
Do quiau que tenio lou biliou,
quelo conalio deifargado
Jugavo un er de leberou.
Au, per mier dire, uno sautiero
Facho per lou jour dau soba,
Quan lou bouc, chef de lour counfriero,
Lour fài beijâ soun cù creba.
Qu'èro uno francho mouquorio.
  N'en ài vu, deipei lou bole,
Quàuqu'àutre dî 'no golorio
Qu'ei jugodour de goubele ;
Car au fosio sounâ sei peno
De violouns mài de vingto-cin,
De chobretas uno trenteno,
D'auboueis quotorze per lou min.
Au tournavo e tordio so teito ;
Sas mas 'novan coumo un bruze :
Quo roufflavo que lo tempeito ;
Mài degu n'y toucho que se.
Dî lou bâ de quelo mochino
L'y o plusieurs chovilious mouvens,
Que plejen sous so pàuto fino
Quan au fài 'nâ tan d'instrumens.
I'ài plo vu lo porieiro peço
Dî l'eiglieijo de sen-Michèu ;
Mâ ne sobio pâ que lo 'guesso
Lou soun si brave e si nouvèu.

4

Qu'ei re. Veiqui be 'n'àutro bleito
Que t'aurâ peno à deiboujâ :
Quelo qu'en de l'àigo beneito
L'un ne po pâ fâ deilujâ,
Quan lo ve torsei lo courniolo
Daus blouns, daus roujeis, mài daus bruns,
Que se moquo quan lo desolo
Lous porens daus paubreis defuns ;
Lo Mor, lo diable de pecoro !
Dy me pardoune si ài jura !
Que fài pau, de bèu que l'ei ôro,
Qu'o lou ventre tout eicura ;
Tan be que lo fase ripalio
Daus dres, daus boussus, mài daus tors,
Que lo devoure lo conalio
Tout coumo quis qu'an daus tresors,
L'y ei duchado sur uno boulo
Sur lo quàu l'apouyo soun dar.
Si tu vesiâ lo grando goulo
Que lo dessous soun nâ comar,
T'auriâ tô lo mino channiado ;
Fau que lo ne cranie degu.
Doux cos de roc l'aurian coueijado
Cent ves si l'un oguei vougu ;
Mâ lo jen lo làissen tranquilo,
Tan be que lo n'aye pâ d'eis :
Si li fosian mountâ lo bilo,
Belèu n'aurian-t-is sur lous deis.
Maugra so for magro courpouro,
Faudrio veire virâ soun càu,
Quan ve lou ten de sounâ l'houro...
Pren-me, si tu vouei, per un fau ;
Mâ te diràì que quelo cheno
Poreissio si for se fachâ

Que per lou segur i'èro en peno
De ne pâ poudei me cochâ.
Avan que lo venguei meichanto,
Quàuquas cliochas, d'un soun tan vy,
An di l'er que lou cure chanto
Quan au fài quàuquo proucessy.
Dî lou momen quelo mangano,
Qu'o lous deis coumo daus mechous,
Que ne cren pâ que lo gangrano
Se mete dî sous bras sechous,
O leva soun dar per secousso,
Quo 'na toucâ dî lou bèu miei
De quelo boulo touto rousso.
Mâ ce que l'y trobe de piei,
Qu'ei qu'à meimo ten qu'au li dono,
Car lo surciero o mài d'un souen,
Quàuqu'àutro grosso cliocho sono,
Tan be que lo n'en sio bien louen.
Viso si t'â vu de to vito
De topage que sio porier ?
Diriâ que lou diâtre l'y abito
Per empeichà chaque eitranjer
De prejâ Dy qu'au lou benisso,
Perce qu'au se que lou boun sen
Nous preservo de so moliço.
Vei n'en qui prou per lou presen.
Dijo, ne sei-tu pâ surpreso ?
Mo fo plo, moun pàubre Liaunou,
Li repartigue lo Franceso :
Demo countâ-m'au jusqu'au bou.

 Dî quiau ten chacun se desiro
Lou boun sei e lo bouno ne,
Liaunou ver châ se se retiro
L'àutre à soun troupèu retourno.

Gran-marcei, Muso camponiardo ;
Pourto quis vers sur l'Hélicoun :
Tu sei simplo, drolo e goliardo,
Tu pourâ fâ rire Apoulloun.
Quan au lejiro quàuquo peço
Que lou foro muri d'einei,
Quelo farço, di so tristesso,
Pouro li servi d'eibotouei.
Iau t'ài parla per ironio,
Per te boliâ un er sery ;
Mâ qu'èro uno ceremonio
Per meritâ toun atency.
D'aliour te balie lo meitriso ;
Troubo moun Liaunou molhuroù,
Au be ri bien de so beitiso :
Pren lou quàu tu voudrâ daus doux.

COUNTEIS.

Lou Toupi de Miàu.

Ne trobe pâ uno charjo pû rudo
    Que quelo daus pàis, de las màis.
Per eilevâ lours fîs qual ei lour inquieitudo !
    Que de turmens ! que de trobàis !
  E tout hoquo n'ei mâ de l'àigo cliaro.
    Las pous lour soun enguèro au nâ,
Que jusquo dî nous-meimo is troben de lo taro :
Nous n'oven re coumprei, re sôbu gouvernâ.
  Soun-nous mors, is se fan lo guèro ;
    Quouaqu'heiritier, l'eina voudrio 'vei tout ;
Lou code màu lega souven se desespèro ;
    Lou pû jaune n'o jomài prou.
Lo pû rudo d'aprei lo charjo paternelo
    Qu'ei de tenei tranquilomen
    Touto quelo grando seguelo
    De las beguinas d'un couven.
    Lo superieuro ei tro rijido :
    Soû l'ancieno tout èro mièr ;
    Lo coumunauta mier nurido :
    Las chausas 'novan d'un àutre er.
    L'uno maudi lo deipensieiro,
  Ce que lo chato ei toujour countrôla ;
    Lo vieilio fài lo counselièro ;
Lo jauno en se mouquan critiquo chaque pla.

Un jour dî 'no meijou las n'en noumèren uno
　　　Qu'èro lou meliour cœur dau jour ;
　　　Lo ne chotavo pâ 'no pruno
　　　Que soun goû ne fuguei lou lour.
　　　Las regardovan so persouno
　　　Coumo un presen vengu dau cèu.
Mâ molhur per Panchei ! lo n'èro mâ tro bouno ;
Per tro de coumplosenço au n'en fuguei dau sèu.
　　　Quiau Panchei, l'hôneiteta meimo,
　　　Qu'èro rempli de bouno fe,
　　　E que possavo per lo creimo
　　　Daus camponiars de ver châ se,
　　　Un jour pourte vendre à lour grilio
　　　Un dissime toupi de miàu
　　　Per s'eisinâ dî so fomilio.
Per juniei lous doux bous vous treiriâ be prou màu,
　　　Quan fau chotâ jusqu'à lo mindro eipinlo,
S'hobiliâ, se nurî, poyâ lo talio au rei.
　　　Tan au l'y o qu'au tiro l'eichinlo.
Lo pourtiero se ren, domando ce que qu'ei :
　　　— Mo sœur, iau vous fau bien escuso,
Vous porte de boun miàu qu'ei fidel coumo l'or ;
Si dî votre couven quàucuno lou refuso,
　　　Vous reipounde que l'auro tor.
— M'en vau, se disse-lo, sounâ lo procureuso,
　　　Mài si tu ne sei pâ choren,
　　　Lo ne siro pâ rovaudeuso ;
　　　Car lo chato for roundomen,
　　　Dî quiau ten ve 'no religieuso
　　　Qu'entro au parlouar d'un er cury ;
　　　N'en porei 'n'àutro pû precieuso,
　　　Que se de prei d'un pâ sery.
　　　Enfi lo procureuso avanço :
　　　Douje lo seguen pâ à pâ.

Ah! Panchei, si tu lachâ l'anso,
Toun toupi siro tô au bâ.
— Boun jour l'omi Dy vous benisso.
— Mas mèras, votre servitour.
— Qu'ei-quo? Dau miàu, li disse 'no noviço?
A plo, mas sœurs. — Metei-lou di lou tour.
Ei-t-èu boun? n'y o-quo pâ de bràicho?
Ne l'â-tu pâ frauda per lou fâ pû pesan?
— Goûtâ-lou degu vous n'empàicho.
Ah, Panchei! te pressâ pâ tan,
Las l'y vendran be prou d'ob'houro.
Tout ce qu'entro di tàus meijous
Lo pûpar dau ten l'y dom'ouro,
Per pàu que quo sio sobouroû.
D'obor lo superieuro tâto,
Lo procureuso tâto aussi;
Toutas s'aprouchen à lo hâto :
Chacuno lecho soun bouci.
Quan 'no fermi sen uno nou coufido,
Lo n'en auro, fusso-t-elo au gronier,
E si l'autras l'an uno ve sentido,
L'auro be tô mena l'escodroun fermijer,
Que mountoro à l'ossàu, seguen lo meimo linio,
Per deimoulî tout lou chatèu sucra..
Ensi per lor l'uno à l'àutro se guinio;
Lou toupi se sirio cura.
Mâ, per bounhur, lou ten de dire nôno
Fogue deicampâ lou troupèu.
Las maudissen quelo que sôno.
Panchei las renvouyo au bourèu.
Ne domoure mâ l'eiconômo
E l'infirmieiro dau couven
Qu'is noumovan lo sœur sen-Cômo,
Que n'en empluyavo souven,

Nous prendren, moun omi, quiau miàu, valio que valio,
    Se disen-las ; cambe n'en volei-tu ?
       — Lo liauro vau siei saus, s'ei n'en tirâ 'no malio;
       Au n'en o die, que mounten un eicu.
Lou gaje en peso cinq, lo taro n'en ei facho ;
Mâ si vous sei leu-cren, lou fau tournâ pesâ,
Iau l'ovio, ajouto-t-èu, bien renja dî mo sacho,
Bien fa lou countre-pei, de pau de l'enversâ.
      Lo mèro encroucheto lo cordo,
      Lou pei s'en torno sur las die.
      Morjoun ! visâ si qu'o s'acordo.
Vouei lou brave crouche ! quàu diâtre de proufic !
      Lo procureuso, en empreissado,
      Li fogue possâ lou toupi.
      Helâ ! quan au vèu lo chovado,
      Au s'entourse coumo un arpi.
— Cinq liauras ? qu'ei tro for, di-t-èu tout en coulèro.
      Lou diable sio pâ votreis deis !...
— Per qui nous prenei-tu ? li reipounde lo mèrc :
      Nous l'oven pâ minja daus eis...
      — Anen, dî lou cour de lo vito,
      Fau sobei perdre quàuquore,
      Lour di-t-èu d'un er ipocrito ;
      Mâ lou diable n'y perdro re.
      Poyâ-me doun ce que quo mounto.
— Qu'ei trento saus... — Iau m'èro bien troumpa,
      Lo procureuso lous li counto.
— Boun jour l'omi, Dy vous counduise en pa.
Panchei s'en vài, e counto à so fomilio
      Ce que causavo so doulour.
Fenno, di-t-èu, chercho-me 'no jodilio.
      Lour vole jugâ quàuque tour.
      Que lous pitis, penden hueiteno,
      Fosan tous lours ofas dedin :

Nous veiren, quan lo siro pleno,
  Coumo possorài moun venin.
Penden quiau ten lo fomilio s'eserço ;
Soû pàu de jours se formo lou pâti :
  Lou molin lou pren e lou verso
  Dî lou picher qu'ovio deijâ servi.
For propomen au fài lo cuberturo
  Dau meimo miàu qu'au 'vio vendu,
  Puei lou charjan sur so mounturo,
Lou rusa par coumo qui n'o re vu.
Rendu dî lou couven, au parlo à lo pourtieiro,
  Tout se fài coumo à l'avan-hier,
  A l'ecepcy d'uno jauno tourieiro
  Qu'en aprouchan tâte dau bèu prumier.
  Lo procureuso ve segudo de so troupo :
— Meimo pri, meimo acor, lou miàu siro tâta ;
  Si qu'ei dau boun, nous te foran lo soupo
  Trempado dau bouliou de lo coumunauta.
  — Qu'ei, repar-t-èu, lo meimo rifanfaro :
  Poyâ-lou-me tout coumo lou dorei.
Lo mèro vèu dau guin, e sei tan fâ l'avaro,
Lo counto lou mountan, que fuguei bientô prei.
  — Anen ; fosei virà quelo joloïo,
    Que pique moun toupi dedin.
  Ah ! paubras sœurs que sei plenas de joÏo,
  Vous recebei un toupi de chogrin !
Vous l'y v'eichaudorei, Panchei n'en ri soû capo ;
    Vous v'en repentirei tro tar.
Quan un vau que lou ra se prenie dî lo trapo
    L'un lo garni d'un boun bouci de lar.
    Qu'ei lo superieuro, sei douto,
    Que passo lo belo dovan.
    Lo sàusso soun de, lo lou gouto :
    Quiau miàu, di-lo, n'ei pâ meichan.

Lo segoundo que lo remplaço
Enfounço un piti pû proufoun :
Ne sài... Houm ! mâ... quo me surpasso...
Mo fo, ne lou troube pâ boun.
Visan, di uno sœur professo...
Qu'ei lo pesto, mas sœurs, e qu'ei sei bodinâ ;
Tâtâ, sœur apouticoresso.
Quelo n'en pren, lou pourto au nâ.
Lo fài las minas, mâ lo tâto :
Ah ! moun Dy, qualo puantour !
Di-t-elo, en visan sœur Agato,
Que ve l'eiprouvâ à soun tour.
Lo n'en me di lo boucho, et d'obor lo crupilio ;
Toutas l'y van, maugra ce qu'un lour di.
Lo sœur Anno, pertan, qu'èro 'no jento filio,
Vài senti lou picher : Quel home nous bodino,
S'eicrèdo-lo ! Chossâ-me quiau moràu ;
Ce qu'au nous ven n'ei mâ de lo pû-fino,
Doun l'òdour forio troubâ màu.
L'o devina, di-t-èu, ni mài qu'ei sei repliquo ;
Sài counten de moun invency.
Gardâ moun toupi pèr reliquo ;
Qu'au vous serve de corecy.
De qui lou goliar pren lo fuito,
En lour credan bien hàutomen :
Abrenouncio, per mo vito,
Mài las mèras mài lou couven.

Lou Crubidour.

Quan is parlen de notro lingo
Coumo d'un grô vilen jargouei,
M'ei ovi que sente n'eipingo
Que me piquo per lou dorei ;
Que quiau-d'oqui que m'en fissouno
N'o d'àutro rosou de m'au fâ
Que quelo d'être 'no persouno
Que n'o pâ de pau de poufâ.
Ah ! me diro quàuquo modamo
Poungudo de treis quatre jours,
E que n'o mâ channia de gamo
Deipei que l'o channia d'otours :
Fi dau potouei, l'y sài countrario !
— Tanpiei per vous, vous fosei màu :
Quan quelo lingo ei necessario
Per parlâ coumo un vilojàu
Que vous nuri, que vous sustento,
Que vous ser si qu'ei un oubrier,
Vous troubâ lo votro plosento.
Quel home penso tout porier
Dessur so lingo paternelo
Doun au troubo lous termeis bous,
Tan que qu'ei 'no chàuso nouvelo
Per se de parlâ coumo vous.
Un piti fa que francimando
Li porei un triste doctour ;
Qu'au li fase quàuquo domando,
L'àutro d'obor chercho un bèu tour
Au quàuqu'esprecy finiolado
Qu'ôfenso lo francho varta.

Au l'enten, lo gorjo bodado,
Sei n'en coumprenei lo meita.
Vivo lo lingo limousino
Per esprimâ lous sentimens !
Quan is me tuorian, l'ei pû fino
Mài pû pleno d'agreomens.
Risei bien : lo n'ei pâ tan viàudo :
L'ei vràio filio dau leti,
E qu'ei sur quelo vilojàudo
Que lou francei fugue bâti.
En lejissen moussur *Locoumbo*,
Las Voriocys de *Gautier*,
Touto votro prevency toumbo :
Tanpiei per vous si vous sei tan entier.
Per me, lo trobe lo pû francho.
Lo s'esprimo coumo l'un vau ;
Lo ne vài pâ de brancho en brancho
Per cherchâ tout ce que li fau.
Iau m'en vàu countâ n'àutro liarno ;
—Mâ coumen ? — Toujour en potouei.
Quis metan mous vers dî lo marno,
S'is ne lour fan pâ de plosei.
Souven, quan mo plumo lous traço,
Rise tout soû coumo un eicervela.
Qu'un critiqueur lour fase lo grimaço,
Dî lou momen iau sirài counsola.

Un crubidour de plosento figuro,
 Que n'èro pâ un eibeiti,
 Reporavo lo cuberturo
 De lo meijou d'un cure limousi.
Quel home, quauquas ves, en disen so pensado,
Recreavo un momen un poren dau cure,
 Que s'eibotio, l'aprei-dinado,

A lou fâ joquetâ tout coumo un sansoune.
Quelo sepo d'oubriers n'ei pà tout-o-fe soto :
Lo se charmo en trouban quàucu per l'omusâ.
Is sinen dau toba, is leven lour culoto,
Per poudei 'vei lou ten de se pausà.
    Or quiau poren èro un home d'eiglieijo,
        Que ne l'y sufrio pà d'eicar.
Un jour qu'is vian parla de pruno e de sireijo,
        De ce que lour ofrio l'hozar,
        Las fennas toumben soû lour coupo.
        Lou crubidour ne las eiparnie pâ.
Au n'in y o, di l'oba, quàucunas di lo troupo
        Que lous homeis ne valen pà.
Ah ! moussur, repar-t-èu, qui parlo d'uno fenno
        Parlo d'un cor màu trobolia,
        D'uno vacho que toujour penno,
        D'un pelotou qu'ei tout braulia,
        D'un meichan diable que trocasso
        L'home meimo lou pù pocien,
        E qui de nous fài lo lèu-passo
        Maugra notre rosounomen...
Pàubro ! disse l'oba, si lour moliço ei talo,
        Per elas m'en vau prejâ Dy.
        Au tenio lo vio de l'eichalo
Per deicendre rempli so sento obligocy.
Ne fosei pâ, moussur, li crede lo monobro ;
Vau tan s'onâ coueijà ; las soun tro à rebours.
Daus pù grans acidens souven l'un se recobro ;
Mà per gori quiau màu tous lous sens venen sours.

Lou Pàubre dau Porody.

Simplo coumo un frîle riban,
Francho coumo un duca d'Espanio,
Mo grando mài, vingt ves per an,
Quan lo nous chantavo moranio,
E sur-tout quan quàuqueis filous,
En risen de notro innocenço,
Degoulinovan sei feiçous
Notreis liars en notro presenço,
Nous disio : Qui v'o doun poungus ?
Pitis moràus, votro beitiso
Vous foro deipoulià tous nus :
Is v'auran jusqu'à lo chomiso.

Vous ne sei mâ daus soletas ;
Jomài degu de notro raço
Ne s'en èro leissa countâ,
Ni mài de se fà lo lèu-passo.
Vous sei sos coumo daus dindous,
E fâ coumo lo Margorito,
Que prengue per un bienhuroû
Un guèu que fosio l'ipocrito.
Per vous deibrî l'entendomen,
Au fau que v'en fase l'histôrio ;
Eicoutâ-lo tranquilomen,
Metei-lo dì votro memôrio.

Vevo de Guiliàume Graulou,
Tristo de se veire souleto,
L'ovio prei Pière Cigolou
Per li fâ par de so coucheto.
Lou vevaje balio lou dre
De dire qu'un ei tro paurudo,
Quan degu ne nous reipoun re,

Per lo ne, quan l'un eitrenudo.
D'aliour, l'un sufro min d'einei,
Quan quàuquo porio vous counsolo.
Au l'y o cent portas de dorei
Per uno fenno que counvolo.
Ne boliei pà dî quiau ponèu,
Quan, sei pieita per so jaunesso,
Lo mor me culigue lou mèu,
E me leisse dî lo tristesso.
Iau ne manquei pà de golans,
I'èro freicho coumo n'o filio ;
Mâ iau chossei tous quis châlans,
Per prenei souen de mo fomilio.
Leissan qui tout rosounomen,
Dijan coumo quelo imbecilo
Se leisse troumpà sotomen
Per un guèu que courio lo vilo.
— Modamo, per l'omour de Dy,
Helà ! tirà de votro porto
Quiau boun pàubre dau porody !
Li crède-t-èu d'uno voû forto.
D'un bouci de votre chantèu
Fosei-me, si vous plà, l'aumôno.
Dy recoumpenso dî lou cèu
E beneisi qui mài me dôno.
— Dau porody ?... qualo rosou !
Vous fourjà quo dî votro teito...
Couneissei-vous lou boun Graulou,
Que crebe lou jour de so feito,
Muni de tous sous sacromens ?
Maugra mo peno e mo deipenso,
Las purjas, mài lous lavomens,
Lou medeci, mài so siençoo,
Lou pàubre posse lou goule.

B'èro quo 'no bouno coucinço!
Au murigue coumo un poule,
Sei marquà lo mindro impocinço.
Lou queman, que n'èro pâ so,
Counogue so dupo sur l'houro,
E li reipoun d'un er devo :
Nous soun dî lo meimo domouro.
Iau sài de sous pù preis vesis ;
Dî las letenias qu'au recito
Iau dise l'*ora pro nobis*.
Au crèdo à sento Margorito,
Dî l'eilan de so devoucy :
« Prenei bien souen de mo miniardo,
» V'en preje, per l'omour de Dy !
» Iau lo mete sous votro gardo. »
— Ah ! qu'ei bien vrài ; qu'èro lou noum
Qu'à tout momen au me boliavo :
Lou pàubre gar èro si boun
Que jomài re ne nous brauliavo.
Au ne vouàido pù soun pintou !
A sù l'un ne bèu ni ne brouto.
Chaque moti lou boun Graulou
Lou sussavo en cossan so crouto.
— Nou, modamo, mà lou boun Dy,
Per nous fà sentî lo misèro
Que l'un eiprouvo quan l'un vy
E qu'un domoro sur lo tèro,
Nous balio l'envio de minjà
E de bèure notro chopino ;
Mà l'un aurio bèu s'eimojà,
Grotà lo teito, fà lo mino,
Fau que n'atendan notre tour,
Que ne ve mà 'no ve l'annado.
Mà, coumo dî quiau sen sejour

‘Nous soun 'no talo troupelado
De bous sens e de bienhurous,
Que vous metrià touto lo vito
Per countâ lou noumbre de tous,
Quan is sirian renjas de suito ;
Ensi doun, di notre besouen
De prenei quàuquo nurituro,
Notre tour vài virà bien louen :
Mà l'esperanço nous rossuro.
Qu'ei vrai que lous prumiers sauvas
Dei loun-ten an rempli lour tâcho,
Car quiau besouen lous o lovas
De quelo envio mài de so racho.
— Te planie, moun pàubre Graulou !
Reipounde que lo francho bobo ;
Chut, chut, tu bèurà toun pintou ;
Me rejauvisse de lo trobo.
Tenei, vei-vous qui trento frans
Per li chotà quàuquo cantino
De boun vi de quatre au cinq ans
Que li fase mountà lo mino.
Prenei un double po bora
Daus pù fricàus de lo Soupleto,
E qu'au tenie tout bien sora,
Si se trobo quàuquo cocheto.....
Vau porià qu'au vài presque nu,
Qu'au no pà de linje de resto ?
— Modamo, per bressâ soun cû
Li porte 'no meichanto vesto :
Iau crese for que lous doreis,
Uno ve qu'au l'auro vîtido,
Li deicendran jusqu'aus joreis,
Per li crubî quelo partido
Qu'un o toujour peno à moutrà.

D'aliour, vous dise mo feblesso :
Coumo me trobe per-detrâ,
Quo blesso mo delicotesso.
— La, la, vau querî lou perpouen
Qu'au mete lou jour de so noço ;
Car Cigolou ne lou vau pouen.
Ai souen de li possâ lo brosso
Dau min treus quatre ves de l'an ;
E per li metre sur l'eichino
I'ài quatre chomisas de Rouan
Bien garnidas de mousselino.
Moun Cigolou brundiro be ;
Mà me mouque de so coulèro.
I'ài prou besunio dever me
Per nous tirâ de lo misèro.
Graulou nempourte dî lou crô
Uno chomiso bien chôsido ?...
Vau poriâ que l'ei touto en trô,
Au que l'ei tout-o-fe purido ?..
— Modamo, en mountan dî lou cèu,
Nous làissen tout dî lo poussieiro,
Lou linje, lous os mài lo pèu,
Per nous reveitî de lumieiro ;
E quelo-d'oqui dau soulei
N'eiblausirio pâ mier lo vudo.
Iau vous desire lou boun sei,
Vese que moun houro ei vengudo ;
D'un pàu mài quo sirio tro tar.
M'en vau virâ ver lo Batido ;
Moun anje m'aten dî l'eissar,
Auro que mo tacho ei remplido.
— Mà coumen pourei-vous mountà ?
Crese que v'aurei de lo peno.
— Quiau boun anje, per m'empourtà,

Me vài sosì per mo glieno,
E quan iau pesorio chieis cents,
Au m'enlevoro d'un co d'alo :
Amirà lou poudei daus sens.
D'oqui moun enchanteur deitalo,
D'un pâ léjer sàuto lou ry,
Maugra lou pei de so besaço,
En disen : Nous prejoran Dy
Per vous ni mài per votro raço.
Vous sei lo soulo qu'aye vu
Qu'oguesso l'amo neto e puro.
Sei co ne sirio pâ vengu.
Mà Graulou sôbro l'aventuro.

Pière Cigolou, qu'èro absen
Penden lou ten de quelo seno,
E qu'èro 'na sur so jumen
Fà pervisy d'un pàu de veno.
Me pe à tèro e s'enquerì
Coumo so fenno s'ei pourtado?
Si soun màu de teito gorì ?
Si l'o sufer dì lo journado ?
Nou, nou, li di-lo, Cigolou ;
Vene d'aprenei lo nouvelo
Que defun moun pàubre Graulou
Jauvi de lo glorio eiternelo :
Qu'ei un pàubre dau porody
Que m'en o fa touto l'histôrio.
L'o m'o touchado jusqu'au vy,
N'en perdrài jomài lo memôrio.
Per lor lo fài jusqu'anto au bou
Tout lou detài de so bouno obro.
Per Dy quan l'un boliorio tout,
Di-lo, soû pàu l'un se recobro.
Mà quan lo parlo dau poque

Que l'escomouteur n'en emporto,
Cigolou, sei dire perque,
S'en torno virâ per lo porto ;
D'oqui se ducho lestomen
Sur lou dô de so poulinieiro,
E cour pù vite que lou ven
Sur lou chomi de lo Brejeiro.
Defun Graulou, li disse-t-èu,
Me sôbro gra d'uno embrossado :
Vau prejâ quiau pàubre dau cèu
De li souatâ lo bouno annado,
E li dire de voulei fà
Per toun boun sen uno neveno.
Autro quo, tenei dì mas mas
Deque li boliâ soun etreno.

Lou pàubre, d'un pâ de lebrier,
S'avançavo ver lo Batido,
Quan au vegue un covolier
Que goloupavo à touto brido.
Moun goliar, de pau d'ètre prei,
Sur-lou-chan dì lou bouei s'enfounço,
E Cigolou lou se de l'ei :
Li semblo deijâ qu'au lou rounço.
Mâ quan au fuguei prei d'entrâ,
Lous bràus, las roundeis mài l'aubreso,
Tout l'empàicho de penetrâ,
Tout s'opôso à soun entrepreso :
Per lor au cuje venî fau.[1]
Au deicen de so poulinieiro
E l'eitacho per lou liocau
Autour d'un pe de nousilieiro.
Au pren un de sous pistouleis,
Làisso l'àutre dì so boujeto,
E, lo furour dì lous doux eis,

Di lou foun dau bouei se gouleto.
Lou pàubre, que n'èro pà louen,
Ajumbri tra 'no grofouliado,
Vesio sei crento, dî soun couen,
Chaque tour e chaquo virado.
Mà quan quiau rusa garnomen
Lou vèu à certeno distanço,
Au vài mountà sur lo jumen
E lo tolouno d'impourtanço.
Cigolou, qu'èro desoula
De ne pâ rencountrà so proïo,
Juro coumo un eicervela :
Mo fenno ei 'no francho boboïo,
S'eicrèdo-t-èu, grotan lou chài ;
D'un pàu mài lo metrio de fôro ;
Car crese que ne tiroràì
Jomài re de quelo pecôro.
De quiau guèu, si n'èro l'eissar,
Iau robotrio plo lo couturo.
Mà iau vese que se fài tar ;
M'en vàu virâ ver mo mounturo.
Au marcho doun ver ent'au crèu
Troubâ so poulino eitochade ;
Mà helà ! pàubro quan au vèu
Que soun esperanço ei frustrado,
Que las guenilias dau vouleur
Soun per ci, per lài, sur lo tèro,
Per se quàu nouvèu crebo-cœur !
Quàu nouvèu suje de coulèro !
Ah ! crèdo-t-èu, maudi filou,
Demoun tout rempli de moliço,
Ausà-tu roueinà 'no meijou,
Sei cranie que Dy te punisso !
Pàubro jumen, jito-lou lài !

Crèdavo-t-èu, dî so furio.
Fài l'estropià per tout jomài
E torno dî moun eicurio !
Tu me coutovà trento eicus,
Jumen de pa, jumen fidelo !
Qu'ei fa, ne te mountorài pû,
Per me qu'ei 'no chàuso cruelo !
Qu'ei l'obesi que mous belas !...
Fau que m'en torne ver lo vilo ;
Sur mo fenno, à cos redoublas,
Deicharjà prountomen mo bilo.
Au se retiro en jemissen :
Lou veiqui deijà sur lo routo,
Que rocounto soun aciden
A chaque possan que l'eicouto.
L'un li proume de s'infourmà
Ent'ovio possa l'ipocrito,
Tan que l'àutre ri soû soun nà
Dau boun cœur de so Margorito.
Penden quiau ten, l'espri jauviàu,
Quelo tro credulo femelo,
Sei se doutà dau mindre màu,
Brouchavo soun bà sur so celo,
Quan, bourdounan coumo un vrài tau,
L'home passo per lo boutiquo,
Fosen lo grimaço d'un fau :
Ah ! ah ! qu'ei-quo doun que vous piquo ?
Li di-lo d'un er tout surprei.
— Iau vene, mo belo modamo,
D'acoumponià jusqu'ant'au bouei
Quiau bienhuroû, quelo bouno amo.
E coumo au pourtavo un grô fài
Que li pesavo sur l'eichino,
Per lou counduire per-delài

L'ài fa mountà sur mo poulino.
Qu'ei tan de fa, lauva sio Dy!
Di-lo, n'àutre prendro lo plaço,
A quis mous, Cigolou fury
A grans cos de fouei lo repasso.
Tan mài lo credavo au secours,
Tan mài l'home lo timpletavo.
Graulou mài lous sens èran sours
A tous lous cris que lo poussavo.
Tu nous fà perdre doux cents frans,
Li disio-t-èu, per to neciso,
Tan que toun pàubre bà aus chans
E triounfo de to beitiso.
Apren' doun queto bouno ve
A fà distincy de persouno,
Sei creire sur so bouno fe
Un selera que te fripouno.
Lous bienhurous n'an pà besouen
De venî rampà sur lo tèro ;
Is n'an sû ni chogrin, ni souen,
Ni màu, ni peno, ni misèro.
Ensi doun, mous paubreis garçous,
N'esposei ni denier ni malio
Dovan certens jauneis filous.
Quelo puro et francho conalio
Vous tiren lou verme dau nâ,
Renden dupo votro jaunesso,
E d'obor qu'is van fripouna,
Is risen de votro feblesso.

Lou Vouyage de Sen-Junio.

Un boucher quis noumovan Tunio,
Qu'ovio renda tous sous efans
A Notro-Damo de Sen-Junio,
Sauv'acidens, l'y 'navo tous lous ans.
Coumo so noumbrouso fomilio
N'èro pâ lou mouyen de grossi soun peliou,
Au prenio un trô de po, de qu'ovei so rouquilio,
Soun hobi daus diaumens, soun mouli, soun biliou,
Metio de par lous liars de soun ôfrando,
E partio de si boun moti
Que, quan lo foulo vénio grando,
Tunio per s'en tournâ ovio prei soun parti.
Uno ve so devoucy facho,
D'obor au se rendio chà se,
Counten d'ovei rempli so tacho,
Sei craniei per l'arjen qu'au 'vio dî soun gousse.
So fenno, qu'èro aussi rendado,
Vougue l'y 'nâ per un bèu jour.
L'home brundî : l'ei openiado ;
Coumen fâ ? l'arjen èro cour.
Dy l'y pervèu, l'espri femelo
Troubo toujour uno pero au besouen.
Fau que l'annado sio cruelo
Si lo n'o doux treis saus cotas dî quàuque couen.
Tan au l'y o que lo par, e que l'aribo en vilo.
Tunio lo se sei rosounâ ;
L'acoumpli sous deveis : en d'un mou coumo en milo,
Lous veiqui que s'en van dinâ.
Marchan, se li disse l'Anniquo,

Tâtà dau vi daus Sen-Juniàus :
Iau sente que lo se me piquo.
N'oguessan nous jomài coumeis de pû grans màus,
Reipoun-t-èu ; bèurài bien chopino.
Nous ne n'iren pas louen veiqui lou cobore :
Entran, mountan dî lo cousino.
— Dy sio cens, servitour, boiliâ-nous quàuquore.
— Possâ, di lo coboretieiro,
Dî lo chambro qu'ei per-dorei ;
Dî lou momen lo chamborieiro
Vous pourtoro dau vi mài d'un rogou d'harsei. .
Lo versavo uno fricosseo
De doux pouleis eipiças de soun mier,
Per regolà treis porto-epeo
Doun so sirvento eigavo lou cuber.
Lo li crede, quan lo fugue tournado :
·Pourto lài quiau buli, mounto en hàu quiau frico ;...
Is domanden qni 'no solado ;...
Deibroucho quiau bouci de ro ;...
T'à l'en dedin 'nàutro pretiquo.
Tan de souens troublorians de meliours esperis.
Lo pourte lous pouleis dovan Tunio e l'Anniquo,
Que tremblo d'obor per lou pri.
Tunio, di-lo, qu'ei-quo ? lo sàusso siro charo ;
Quiau rogou n'ei pâ fa per nous.
— Minjo, fado, â-tu pau ? lo chàuso ei-lo si raro ?
Minjo, si tu troubà que quo sio soboutoù.
Lo pàucho ogue 'no remountrançò ;
So meipreso càuse dau trin.
Tunio s'en moquo, e se pitançò,
Sei suniâ au mindre chogrin.
Faugue partì ; l'Anniquo merio d'hounto ;
L'ovio pau de manquà d'arjen :
— Que foren-nous si lo depenso mounto

Bèuco mài que nous n'an volien ?
Faudro leissà mo dovantieiro.....
— Ventre de me! si t'â tan pau,
Deicen e ganio de prumieiro,
M'en tiroràì be coumo au fau.
L'Anniquo sur-lou-chan fû coumo uno hiroundelo :
M'en vau, di-lo, v'atendre dî lou bâ.
Soun home counto : — Eh be! modomoueiselo,
Cambe se mountoro notre piti repâ ?
— Qu'ei trento saus per lo frituro,
Sept saus de vi, cinq per lou po ;
Mài n'y troube pâ moun ounchuro ;
Quaranto-doux saus per tout hoquo.
— Per de las sôbras de voulalio,
Daus ausilious! quo vau sept saus.
— Lou diâtre sio pâ lo conalio!
S'eicrèdo-lo : v'àutreis sei vengus faus.
— Iau 'guesso prefera 'nas fressoueiras d'ôvelio ;
Las m'aurian de segur bèuco mier couvida ;
N'aurian de meliour cœur begu notro boutelio
Qu'en sucilian votre minda.
— Fichu couïer, payo-me to deipenso :
Te sautoràì coumo un demoun !
— Gardà-v'en bien, v'auriâ per recoumpenso
Quàuquo sarcliado, au n'y forio pâ boun.
Vei vous qui diei-sept sàus en for bouno mounedo.
Mài qu'ei be tro... ne sài pâ tan lourdàu ;
Prenei-lous, cresei-me, ne fosei pâ lo redo.
D'oqui prenen l'eichalo, au lo deicen d'un sàu.
L'hôtesso fumo prou, mâ lo fugue prudento
De ne pâ 'na pù louen per un tàu debitour.
Un fi creancier se countento
De ce qu'au po tropâ d'un meichan poyodour.

N'ôblîdeî pâ lous Mors.

A fenno morto chopèu niau,
Di un boun vesi que counsolo
Un pàubre veve dî soun dau
Que se lamento e se desolo.
Helà! quelo proposicy,
Quan un per uno fenno eimablo,
Li reipoun-t-èu d'un toun plenty,
N'ei ni bouno ni rosounablo.
Nou, nou, te gardoràii mo fe ;
T'eimavo tro, pàubro pitito.
Ah! iau voudrio, per tout moun be,
Te veire jauvî de lo vito !
Mâ quan un o possa chieis meis
Dî lo tristesso, fàusso au vraïo,
L'un se ropelo sous ploseis ;
Lou dau cesso, lou cœur s'egaïo.
Bientô l'un jito soun regar
Sur quàuquo filio de lo vilo ;
Ensuito, coumo per hosar,
Dî lo meijou l'un se faufilo.
Lou prumier jour l'un ei hountoû,
Lou lendemo l'un se deirido :
L'un plâ, l'un deve amouroû,
E lo pàubro morto s'ôblido.
Jan Bico fugue pû counstan.
Venen d'eipousâ so secoundo,
Au li di en se lomentan
E ple d'uno doulour proufoundo :
Nous van possâ auprei dau cors
De defunto lo mio prumieiro :

Helà ! n'ôblidan pà lous mors ;
Fosan tous doux quàuquo prejeiro,
Dijan notre *de profoundis*
Per lou repàu de so pàubro amo.
Quan lous verses fugueren dis,
Au crèdo en puran à so damo :
Aprenei qu'ài tan regreta
Uno fenno de quelo sorto,
Que jomài vous m'auriâ tenta,
Si lo pàubro n'èro pà morto.

A lo nôvio quiau coumplimen
Cause belèu quàuque scrupulo ;
Mâ qu'èro aprei lou sacromen,
Fougue àvolâ lo pilulo.

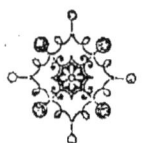

Tro de Fomiliorita enjendro Meipri.

Un vâle de cure, que n'èro pâ 'no buso,
    Mâ un goliar esperina,
    Que cochavo so moliço e so ruso
    Soû un hobi de moulina,
Disio à soun meitre un jour, en lovan so marmito :
    Vouei ! moussur, per l'omour de Dy,
    V'en sôbrài gra touto lo vito,
    Moutrâ-me, si au plâ, l'adicy.
Iau vole bien, li reipoun-t-èu, sur l'houro :
I'àime lo jen que volen parvenî ;
Deteste quis que viven dî lour bouro.
Pourto-mo toun popier. L'àutre lou vài querî,
    N'ôblido pâ lo plumo mài lo bouto.
    Dî dous treis tres uno reglio porei :
    L'eicoulier lo deiviro touto.
Lou meitre s'eifeuni, lou viso de mal ei :
Beitio, fran inioren, di-t-èu, te fraporio...
    Chut, chut, moussur, iau siràì pû soben,
    Repar Jantou d'un er de mouquorio.
    Pàuse zero soû lou mou d'inioren,
    Retene fran per me, mà beitio vous domoro.
    Quiau boun cure, qu'èro tro fomilier,
Defàu que dî tàu cà souven nous deshonoro,
    Risse soû capo e chosse l'eicoulier.

Meimo Suje.

J'ai boun pounie, credavo un peto-vanto,
Qu'èro pertan lou principàu d'un bour
　Vei quelo pàuto, l'ei puissanto ;
L'areitorio lous pû fors d'alentour :
　　Vouei-tu luchâ, te que sei tan alerto ?
Au deifiavo lei-doun un grô drôle bien prei.
Veiqui qu'ei fa, di-t-èu, lo teito deicuberto ;
　　Mâ, moussur, ne siei pâ surprei
　　Si vous trate coumo moun comorado.
Vài toun trin, reipoun l'àutre, e fài tous tous eifors.
　　Lou drole lou pren à brossado,
　　Li sosi lou brà mài lou cor,
　　E lou couàijo de talo sorto,
　　Qu'en toumban au pousse un ro.
— Eh be, moussur, quàu pàuto ei lo pû forto ?
L'àutre tout deipita reipoun : Tu sei un so,
　　Un impertinen, un Jan-Fesso...
　　Passo defôro au t'aurà d'un biliou...
— Sài votre servitour : à houro que lou jeu cesso,
Di-t-èu for humblomen, v'aurei toujour rosou.
　　Mà si foulio vous romounà l'eichino,
　　N'eissoyorian de nous n'en bien tirà.
E vesen tout de boun qu'au channiavo de mino,
Lou goliar pren lo porto e lou làisso jurâ.
　　Quiau drôle n'èro pâ un cliàudo,
　　Lou rusa sobio soun meitier.
　Si lou moussur ovio lo teito chàudo,
Per n'en calmà lo fougo au trobe soun oubrier.
　　Quan un vau tro lachâ lo brido,
　　Lou pouli d'obor iau coumpren,
　　E lou peisan toujour s'ôblido
Quan l'un se coumproume e qu'un quito soun ren.

Lou Coueifaje engoja.

Coli, qu'ovio bessa, disio un jour à so fenno :
Joneto, en bouno fe, bèurio bien moun pintou.
  Mâ jarni ! qui ne po ne penno,
  Qu'o jola dî moun boursicou.
Jomài n'ài tan vougu, lo lingo m'en lebreto,
  L'ei rufo coumo pèu de chi.
 — Tanpiei per vous li reipounde Joneto,
Vous sei un boumbancier, un autiero, un couqui...
— Helà ! m'en vau crebâ... — En tàu fuguesso l'houro,
Vous n'en bevei mâ tro tous lous diaumens :
 — Moun cor n'en ve negre coumo uno mouro !
 Vouei-la ! di-t-èu, nous nous corijoren.
  — Si vous vouliâ viaure en pocinço,
Ne pâ me fà lo lei coumo v'ovei 'vesa,
  M'au jurâ sur votro coucinço,
  V'engojorio moun coueifage empesa.
  Sabe que lo coboretieiro
  Lou voudrio 'vei per tan e mài...
 — Fù doun, tràuco lo chenebieiro.
Joneto alor pren lou gaje e s'en vài.
Lo torno tô, lo li porto boutelio.
Morjoun, di-t-èu, lo jen soun daus menteurs,
A l'houro qu'ei, iau couneisse à mervelio.
  Quo n'ei mâ-quan daus bateleurs
Que disen tan de màu d'uno teito femelo :
  Lo touo se de braveis secres,
  Ni mài to coueifuro en dentelo
  N'o pâ proufita daus pû les.

Lou Meitodier fripou.

Un jour lou meitodier Lauren,
Home rusa per fraudà lo gobelo,
Que soun meitre lauvavo à tout momen
Per uno persouno fidelo,
Prenio sur lou coumun un ple sa de blody,
Tan que so fenno l'empouchavo.
Helà ! li disse-lo, n'ofensen lou boun Dy
(Dî lou momen quo lo lou liavo),
Fau restituâ ce qu'un o prei.
Fû de qui, reipoun-t-èu, vài t'en trempâ lo soupo.
Lous meitreis an trei levas mài lou rei,
Ni mài lo pitito que coupo.
N'oven pà nous, repar-t-elo tout bas,
En li moutran lo rosoueiro e l'eimino ;
Car n'oven leva chiei coupas.
Nous saben lou jeu per routino.

FOBLAS.

Lo Vacho e lou Taurèu.

Uno vacho qu'èro si secho
Que lous os d'un pàu mài li trauquessan lo pèu,
Vesio dovan so pàubro crecho
For raromen las sôbras d'un taurèu
Que de l'àutre coûta vivio dì lo molesso,
Bien grâ, bien nuri, bien coucha,
Tan que lo n'èro pà meitresso
Dau pù sàle rebu dau fe qu'au 'vio marcha.
Un bèu sei que lo s'espliquavo
(Quereique lo velio daus reis),
Lo bramo à soun fì que soupavo
Quis doux treis mous que fuguèren coumpreis
Per un missar que josio dì lo barjo :
Ah ! fî deinotura ! qu'ei per t'ovei nuri
Que me vese si mâgro e qu'ài tropa lo sarjo !
Helà ! si t'oviâ de l'espri,
Si tu seguià las leis de lo noturo,
T'atendririâ tantò lou meitre en mo fovour,
Per me fâ 'vei de meliour nurituro ;
Car deiperisse chaque jour.
Leissâ-m'en pa, vous sei 'no vieilio gormo,
Li reipounde l'insolen animàu.
Ah ! punissei, gran Dy, l'ingratitudo einormo,
S'eicrèdo-lo, d'un fì que me trato si màu !

De desespouar lo briso soun eicolo :
Lou vâle ve e dobo lou màu fa.

Quelo vacho n'èro pâ folo
De se planiei d'un fî ingra,
Lo mài qu'o quiau molhur mer milo ves per uno.
Cambe n'y o quo que pechen dî quiau pouen !
Cambe de fîs, que soun dî lo fourtuno,
Vesen sei coumpocy lour mài dî lou besouen !

Lou Por e lou Chau.

Un por de tre-meichanto mino,
  Que troubavo dì soun boque
Mài de bordo que de forino,
Runden toujour, l'un devino perque,
  Èro un jour à lo picoureo,
Tantô dovan meijou, tantô per lou dorei,
  Cherchan quàuquo golimofreo
De seglie retourna que coumeisso au soulei ;
  Oyan toujour l'ôrelio alerto,
Veire s'is credorian *biri, biri, cô, cô,*...
  Quan au vegue uno gorse deiberto.
  Meitre Goniou gouleto dì lou crô :
Qu'èro un varjer. Gran Dy ! quàu bouno charo !
Las leitujas, lous coucoumbreis, lous chaus,
  Tout s'eitanno, s'ei dire gâro.
  Ah ! deipera, tous meitreis vendran faus.
  Un chau copu, que tremblavo de crento,
Vesen à soun vesi lou crâne tout brisa,
  Hasarde per lor quelo plento :
Helâ, moussur lou por, iau sài un chau frisa ;
  Châ nous me counserven per grano.
Ne me màutrotei pâ, i'ài lou cœur eicelin :
Dy vous garde dau ta, dau piàu, de lo miaugrano !
Vouei, leissâ-me sur pe, siràî recouneissen.
Pouen de misericordo, au passo lo gourjeiro.

Quo me fài souvenî de quis que van au pàu :
  Ni quolitas, ni larmas, ni prejeiro,
  Re ne lous ganio, is s'aveisen au màu.

Lous doux Cheis couchans.

Un che couchan de bouno espeço
Domouravo chà un seniour
Que lou fosio chossà sei cesso :
Pouen de repàu, pouen de sejour.
Tantô qu'èro per se qu'au fosio lo botudo,
Tantô qu'èro per un omi.
Lo pàubro beitio èro vengudo
Secho coumo dau parjomi.
Soun meitre qu'eimavo lo chasso,
Lou vesen presque sur las dens,
Fài pervisy d'un che que lou remplaço,
Que, be que jaune, èro daus pû prudens.
Au 'vio boun nâ, boun jore, belo ossuro,
Fourmavo prei d'uno perdri
Un are dî lo minioturo.
Quiau seniour l'y vio mei lou pri.
Castor en ariban entre dî lo cousino :
Lou viei Medor, qu'èro au couen dau foujer,
Li moutro las dens, fài lo mino.
Lou meitre di : *Tout beau!* Qu'eilunio lou danjer.
Lou nouvèu vengu lou coresso,
Remudo lo quouo, fài daus sàus :
Medor rundî, soun piàu se dresso ;
Lo soupo ve, nouvèus ossàus.
Un vâle lous meno à l'atâcho.
D'obor aprei qu'au 'gue quita,
Castor di au viei che : Quei-quo doun que vous fâcho ?
Qu'ei-quo que v'o tan irita ?
Si sài vengu, quo n'ei pâ de mo teito,
Ne sài pâ meitre de moun sor ;
Iau sài 'no beitio for hôneito,

Vous proumete que nous viauren d'acor.
　　Iau v'eiparniorài de lo peno,
Vous vous retoblirei, vous sei tout morfoundu...
Couqui! di quel arnioù, si n'èro mo chodeno,
　　Nous verian qui sirio mordu.
Castor ne reipoun mou, au me soun esperanço
　　Dì so pocinço e dì lou laps dau ten.
　　Au se troumpe, toujour lo meimo arnianço
　　Renie dì quiau cœur meicounten.

L'home d'emplouei, que gouverno à so guiso,
Fusso-t-èu surcharja, ne vau pâ de segoun :
　　Maugra sous souens au lou meipriso,
　　Fau potì per l'y tenei boun.
　　Iau sabe ce que n'en vau l'àuno,
　　L'un o toujour à soun coûta
　　Tantô lo heino que s'eicràuno,
　　Tantô l'envio que deimen lo varta.

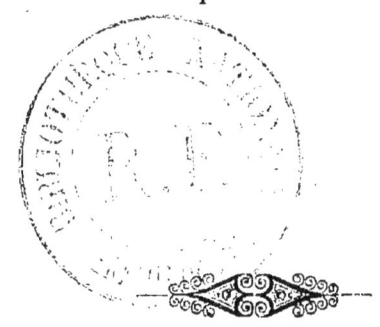

Lous doux Biaus.

Un jour un biau que s'engreissavo
Per rogoutâ lous bourgeis de Pori,
E per qui lou meitodier triavo
Tout lon meliour fe bri per bri,
Tenio, tout fier de so fourtuno,
Daus perpàus durs e insolens
A soun vesi qu'ovio cent ves per uno
Meiprisa sous mujissomens.
Vouei! disio-t-èu, grando mouludo,
Biau màu bâti, cù de lebrier,
N'ei-quo pâ 'no chàuso bien rudo
De t'ovei 'gu per parsounier!
A-tu quel er ple de noblesso?
Quan troboliavo coumo te,
Sentio que mo delicotesso
Potissio sei sobei per que.
Counei-te, li di l'àutre, orgueliou sei cervelo;
To gràisso fài tout toun hônour!
E me lo prene per mortelo :
T'au sentirà be quàuque jour.
Ja, moun viei, disen-t-is, quan is te manien l'ancho,
Quan is tàten sur toun rouniou,
Per veire si to gràisso ei francho.
Tout hoquo ne di re de bou.
N'à-tu pâ vu souven quis que puden l'aumalio
Venî poujâ quàuque vedèu?
Te, crese que quelo conalio
Soù pàu de jours t'auran lo pèu.
Dy me garde do to pâturo :
l'àime mier minjâ fràuc e bràu.

L'àutre reipoun per uno injuro.
Per un biau de trobài qu'èro parlà tro hàu.

Un grô coumis que s'ei mei dî l'eisanço,
Qu'o grossi tous sous dreis, qu'o sôbu fripounâ,
Minjo de bous boucis, fài l'home d'impourtanço,
　　Viso sous poriers soû lou nà.
Mà si soun directour l'eipelucho et lou jàino
　　Per li fà rendre un counte bien segu,
　　　So gràisso lou per e lou rouàino :
　　　Voudrio mier qu'au n'en 'guei pà 'gu.

Lou Cha fripou.

Un margàu qu'ovio 'gu treis quatre cos de verjo
 Que l'ovian fa jurà coumo un surcier,
  Per ovei voula dî 'n'auberjo
  Lou poule de quàuqu'ôficier,
Tourne bientô aprei sinâ dî lo cousino :
Lou buli se tiravo, e se de fâ lou ga.
  Pren gardo, disse so minino ;
  Piti, tu l'y sirâ moucha.
Au ne vau pâ lo creire, au lou pren e l'emporto ;
  Lous vâleis lou seguen pertout :
  Is l'atenden au surtî de lo porto,
  L'assoumen à cos de bâtou.

  Quan un vouleur o sauva lo pelisso,
   Mouyenan quàuqueis cos de fouei,
Quo dèurio l'eicità à craniei lo justiço,
Que lou foro perî, si lo lou po prenei.

Lou Ra de vilo e lou Ra daus chans.

A boun frico dî lou danjer,
Qu'ei rendre so joïo bien courto.
Vau mier sei pau, dî soun foujer,
Ne mâ viaure de grosso tourto.
Quan un minjo, e qu'un n'àuso pâ
Remudâ lous pes mài lo lingo,
Dau meliour de tous lous repas
Iau ne boliorio pâ n'eipingo.

 Un bèu jour un ra de vilo
Disse au ra camponiar :
Venei, vous trobe goliar,
Minjâ d'un pâti d'anguilo
E de quàuqueis trôs de lar.
Sur un bèu topi de tablo
Lou cuber se trobo mei.
Qualo coufreto agreablo !
Lour cœur banio de plosei.
Quàuqueis pas troublen lo feito ;
Is s'eifreden per lou bru.
Un si brave teito-à-teito
Ei bientô interoumpu.
De lo porto de lo salo
Quàucu deibro lou luque.
Lou ra de vilo deitalo,
L'àutre plejo soun poque.
L'un coumo l'àutre se fouro
Di l'entremias d'un lambri.
Au bou d'un piti quar d'houro,
Is remeten lour espri.
Tournan, di lou ra de vilo,

Chobà notreis brundilious.
— Servitour ! fau tro de bilo.
Mâ demo venei chà nous,
Reipoun-t-èu, n'oven pocinço
Dî notre piti ustàu.
Si notro châro ei pû minço,
Nous lo minjen en repàu.

Lou Loup e l'Onîèu.

Qu'ei lou pû for qu'o toujour dre,
Sur-tout quan au vau notro roueino :
Las meliours rosous n'y fan re,
So meichanceta lou 'n'entreino.
Per vous prouvà que ce qu'ài di
N'ei, per molhur, pâ de meisounjo,
Seguei-me bien dî moun reci :
Moun histôrio n'ei pà bien lounjo.

Un oniéu, sur lo fi d'obry,
Se deissèdravo dî lou ry
Que courio lou loun de lo prado,
Quan un loup, lo gueulo afomado,
Surve, e se plaço pû hàu.
— Tu trepâ, di l'ôre moràu,
E tu troublâ quelo àigo cliâro.
T'eitrangliorài sei dire gâro.
— Mounseniour, reipoun l'inoucen,
Parlâ-me pû tranquilomen,
E visâ que sài dî lo bàisso,
Louen de vous, countre lou couren,
— Mâ, di lou loup que lo fan pràisso,
N'ài pâ menti : tu sei un socripan.
D'aliour, iau sabe ce qu'antan
Disio de me to lingo de vipèro.
— Iau n'èro pâ nâcu d'enguèro :
N'ài pâ quita lou tetou de mo mài.
— Si quo n'ei te, qu'ei doun toun frài.
— Iau sài tout soû. — Qu'ei quàucu de to raço;
Car lou mindre de nous que passo,
Lous barjers, lous cheis, lous moutous

Disen lou diable countre nous.
Alor lou loup, sei coumpocy,
Li fouro las dens dî l'eichino,
E lou vài devourâ tout vy
Dì lo foure lo pû vesino.

Lo Cigalo e lo Fermi.

Dî lo grando cômo d'eity,
Lo fermi, toujour empressado,
Mossavo forço be de Dy
Per viaure penden lo jolado.
Tan que lo cigalo, sei souen
E sei s'eimojâ de pû louen,
Jirinavo lou cœur en joïo.
Mâ l'hiver lo n'en poye l'oïo.
Lo biso bufo, e lo n'o re
Per sussistâ penden lou fre.
Lo vài troubâ touto eilanguido
Lo fermi de tout bien garnido :
Vesino, di-lo tristomen,
N'ài re per metre soû lo den.
Fosei-me quàuquo furnituro
Sio de seiglie, sio de froumen.
Iau vous rendrài, pei e mesuro,
Fe de cigalo, à miei julie,
Mài vous poyorài l'intere.
L'àutro, que n'ei pâ jenerouso
Reipoun à quelo poressouso :
Que fosiâ-vous dî lo cholour,
Quan troboliavo tout lou jour ?
— Iau chantavo per vous distràire.
— Tanpiei : vous ne ganiovâ gàire.
Vous chantovâ, m'ovei-vous di ?
Dansâ, quo chasso l'opeti.

Dî l'eity de votro jaunesso,
Romossâ, sei vous rebutî,
Perque, dî lo frejo vieiliesso
Vous ne risquei pâ de potî.
Quiau que s'amuso à lo moutardo
Quan l'oubraje chàucho lou mài,
Sur sous vieis jours, prenei l'y gardo,
N'o re per remplî soun parpài.

Lo Fenno e lou Secre.

Ne dounei re soù lou secre
A lo fenno lo mier chôsido.
Fau s'y fia, quan lo vous proume,
Coumo sur 'no plancho purido.
Chut, fennas, ne me boudei pâ,
Si vous balie quiau co de pàuto,
Cambe d'homeis ne vèu-t-un pâ
Fà coumo vous lo meimo fàuto?

Un d'is qu'ovio l'espri bodin,
Mà sei moliço e sei venin,
Voulen eiprouvâ si so damo
Èro secreto au foun de l'amo,
S'eicrèdo tout d'un co lo ne,
Eitan coumo eilo dî lou lie :
Fenno, au secour ! misericordo !
Tout dî moun ventre se deibordo.
Qu'ei fa de me... pàubro de Dy !
M'ei 'vî qu'is m'eicourjen tout vy.
— D'ente vendrio votro soufrànço ?
Li domando-lo touto en transo.
— Iau vene d'acouchâ d'un iau.
— D'un iau ? — Touchâ, ne sài pâ fau
Ah ! dau min, que vous siâ lo soulo
Que sochâ quiau gran aciden.
N'en dijâ mou ; is m'opelorian poulo
Quiau sobrique n'ei pâ plosen.
— Me ! reipoun-lo touto eitounado.
Cresei-m'en sur mo bouno fe :
Vole 'vei lo lingo coupado,
Si torne dire quàuquore.

Mâ lo lingo li lebretavo ;
lo ne deurmio pû de repàu.
Deijâ lou secre li pesavo
Sur l'estouma mài d'un quintàu.
Au jour lo fû châ so vesino :
Helà! di-lo, sài bien chogrino.
Lou màu sor de dessoù lous peis :
Qui lou crèu louen loù trobo preis
Ai tan 'gu pau que n'en sài ràucho.
— Qual ei, di l'àutro, votre einei?
— Ah! moun home ve de pounei
Un iau grô coumo quiau d'uno àucho!
Mâ, v'en preje, n'en parlei pas.
Vous me foriâ roumpre lous bras.
— Me prenei-vous per uno cliapo?
Repar l'àutro : i'ài bien pàu d'espri ;
Mâ jomài degu ne m'atrapo
A ropourtâ ce qu'is m'an di.
Las se quiten, e l'infidelo
Vài fâ coure quelo nouvelo.
Au lei d'un iau, lo n'en me treis.
L'uno di cinq, l'àutro di chieis.
Lou noumbre, di quelo journado,
Crài si for, à chaquo eilingado,
Que l'acoucha n'en 'gue poungu
Uno grosso, à soulei perdu.

Lo Mor e lou Bucheirou.

Qu'un vive tor, emenica,
    Goutoû, ple de misèro ;
Qu'à notre viei cor deitroqua
    Lous màus fosan lo guèro ;
      N'oven toujour tor
      De credà lo mor,
    Que ve sei dire gâro.
      Vau mier de sufrì,
      E ne pâ murî.
    Lo vito ei toujour châro.

Un bucheirou, qu'èro for viei,
Venio de lo foure vesino,
E treinavo sur soun eichino
Un fài de branchas de rouvei.
Lo pesantour que l'eicrasavo
Li mochavo tout lou ratèu,
E lou cedou que lou soravo
Li fosio buli lou cervèu.
  Prei de toumbâ, per se deidaure,
  Au l'apouyo sur un tuque.
O mor ! s'eicrèdo-t-èu, dijo-me doun perque
  Tu me leissâ si loun-ten viaure ?
  Trobalie coumo un molhuroû,
  E couche presque sur lo palio.
  Belèu lous recors soun châ nous,
  Que m'esecuten, per lo talio,
  Mo goletiero e soun andei,
  Moun toupi, moun quite chonei :
Souven sei po, toujour dî lo misèro,
  N'ài pû de joïo sur lo tèro.

O mor! pren-me; ne venià pâ si tar.
Alor lo mor porei armado de soun dar.
   Au tremblo, de bèu que l'ei òro.
   Que volei-tu? di lo pecòro.
Aten, li repar-t-èu, crese que marchorài.
Aido-me, si te plà, à soulevà moun fài.

CHANSOUS.

Lou Printen.

Er : *N'y o pû de be de Dy.*

Iau vene per v'anounçâ
Lo pû agreablo nouvelo :
Lou printen vài coumençâ.
Ei moti i'ài auvi 'n'auselo,
Que venio per nous aprenei
Que las graulas poudian prenei
   Lour pourto-mantèu au cau
   Per fâ plaço au roussiniau.

Lous motis quan sortiren,
N'auviren chantâ lo lauveto
   Qu'en couneissen lou bèu ten
Se rejauvi dessur l'herbeto ;
Mài lou coucou, quèu lingojer,
Que ve dau poï eitranjer
   Per aus homeis ropelâ
   Ce qu'is voulian ôblidâ.

   Lou roussiniau si goliar,
E qu'o un tan brave romaje,
   Lou lino mài lou chobiar
Foran entendre lour lingaje :

N'y auro pâ jusqu'au reibeinei
Que ne velie be s'en prenei.
　Chaque ausèu de so feiçou
　Lauvoro quelo sozou.

　Qu'ei lou ten lôu pû plosen
Que l'y aye dî touto l'annado.
　I'àime l'eity ; mâ souven
Un o lo chomiso mouliado :
Sitô qu'un o fa quàùque sàu,
Un s'espôso à preinei dau màu ;
　Au lei que dî lou printen
　Un po dansâ pû loun-ten.

　Lous pras van tous reverdî,
Lous boueissous moutroran lo felio,
　Las viauletas van surtî,
E lous blas levoran l'ôrelio.
Lous onièus se rejauviran
Quan l'herbo freicho broutoran,
　E lou pouli siro fier
　De se veire hor de l'hiver.

　Lous peliàireis pouran 'nâ
Mossâ lous iaus mài lous froumajeis,
　Sei crento de s'eicartâ,
Car is couneitran lous vilajeis,
Mâ qu'is remarquan à l'entour
Tous lous àubreis charjas de flours ;
　S'is ne seguen pâ chomis,
　Quo siro daus eibeitis.

　Lous àubreis qu'èran colas
Prenen lour peruquo de felio,
　Lous lebràu dî notreis blas
Coumo lo lèbre se deguelio.

Lo tourtoulo en soun toun plenty
Nous fài couneitre so possy.
  Lou roussiniau, l'er hardi,
  Fredouno dì lou toli.

N'ovian avan soun retour
Lou cœur jola coumo 'no rabo ;
  Mâ nous senten 'no cholour
Que trobalio coumo lo sabo.
L'hiver 'vio trouba lou secre
De venî bressâ notre fe :
  L'omour deicen en venqueur
  Per embrozâ notre cœur.

Iau pouràî mier lous diaumens
Roulâ, 'nâ veire mo barjeiro :
  Quo siro be pû plosen
D'être siclia sur lo faujeiro
Que de vei lous pes tous moulias,
D'être toujour tous sangoulias,
  Au be d'ovei l'er transi,
  Quouaqu'un sio charja d'hobi.

Lo veirài pû bouchounâ
Per se virâ de lo frejuro ;
  L'y 'vio mâ soun bou de nâ
Que poroguei de so figuro.
Lo vài 'vei un er revelia
De veire quis chans eimolias
  De toutas sortas de flours
  Qu'an chacuno lour ôdour.

Sur lou meimo suje.

Meimo er.

PRINTEN que chossâ l'hiver,
Que foundei so barbo gliossado,
Quan vese toun hobi ver,
Iau balie mài d'uno eiluyado :
Tu requinquaudâ lous pitis,
E lous grans soun enfouletis,
Per dansâ dî lou mei de mài,
Tous lous seis aprei lou trobài.

To hole deliauro las flours
A qui l'hiver 'vio fa lo guèro ;
Las nàissen, e lour ôdour
Vài embaumâ l'er e lo tèro.
Lou beitiàu que nous fan surtì
De joïo ne po se potì.
L'hiroundelas, à ples gôsiers,
Gozoulien dî notreis groniers.

Notro barjeiro qu'enten
D'ob'houro chantâ lo lauveto,
Lou moti jomài n'aten
Qu'un lo tire de so coucheto.
Fièro coumo un loquài bouta,
Lo pren so counelio au coûta,
E fài brundî quàuqu'er nouvèu,
Quan lo vài touchâ soun troupèu.

Lou coucu ve nous troubâ
Deipei lous poïs d'hor de Franço :
En lou vesen aribâ
Nous ranimen notro esperanço.
Quan seurte de moun prumier soum,
Au ve me credâ per soun noum ;
Mo fenno, coumo un vrài luti,
Me soute qu'au n'en o menti.

L'Eity.

Er : *Notre boun cure se plen.*

Ivo lo sosou de l'eity :
  Qu'ei lo meliour de l'annado.
L'hiver, iau sài pû mor que vy,
  Louen de notro chominado.
Si sorte per quàuque besouen,
  Quan vene de defôro,
Iau troube dî moun pàubre couen
  Lous pitis de notro nôro.

Parlâ-me quan un po prenei
  Sous molins de tialo rousso,
E que lo forço dau soulei
  Fài que lou be de Dy pousso.
Iau bonisse tout moun chogrin
  Quan notro filio einado
Pren sas brochieiras de bozin
  Per 'nâ coure à lo bolado.

Quan iau vese notreis barjers
  Coure nus pes sur lo solo,
E grapiâ sur lous sireijers
  Sei jile, sei comisolo,
Sài prou for, iau vene nouvèu,
  Quiau ten me rovigoto,
E m'eivî que channie de pèu
  Tout coumo fài lo barboto.

Lous diaumens, dî lou coumunàu
   Iau vese notro jaunesso
Que bodino d'un er joviàu,
   Sei fâ lo mindro bossesso.
Moun filiau, qu'ei boun meneitrier,
     Jugo de lo chobreto :
Toutas las filias dau cartier
   Li venen fâ lo courbeto.

Me siclie coumo lous grans-pàis
   Freichomen sur lo pelouso ;
Nous vanten notreis vieis trobàis,
   Notro forço vigourouso.
Lour parle de lo propeta
   Que tenio dî mo fomilio,
Per maudî quelo vonita
   Qu'o perdu mài d'uno filio.

Entre-tan nous seguen daus eis
   Notro pitito marmalio.
Si lous eitrens soun mal apreis,
   Nous chossen quelo conalio.
Mous drôleis, que soun rejauvis,
   Sei 'vei d'àutro moliço,
Louen de rire de mous ovis,
   Saben me rendre justiço.

Quan nous vesen venî lou ten
   Que nous fau fâ char de troïo,
Nous nous quiten d'un er counten ;
   Chacun daus drôleis eiloïo.
Me vau couniâ dî moun bouri,
   Sei gouto, sei miaugrano,
L'endemo sài tout eiveri
   Per coumençâ lo semmano.

A lo fino pouento dau jour
Revelie notro barjeiro,
Me lève, m'en vau fà moun tour,
Crède notro meinojeiro.
Quan notreis maleis soun surtis,
Tout lou mounde s'empràisso
De preporâ tous lous outis
Per secoure ce que pràisso.

L'Autouno.

Er *de lo romanço de Daphne.*

Sai counten quan lo noturo
Se tourno hobiliâ de ver,
E chasso quelo frejuro
Que nous sentian dî l'hiver ;
Quan vese qu'à drecho à gàucho
Notreis blas fan lou cau d'àucho,
Iau rise d'enguèro mier. (bis)

Mâ lo sosou lo pû dinio
De bonî tout moun chogrin,
Qu'ei quan vese notro vinio
Que plejo soû lou rosin.
Trobe l'autouno pû belo,
Tout moun san se renouvelo,
Iau sàute coumo un lopin. (bis)

Counten coumo un ra en palio,
Iau coure dî moun celier,
Per veire si lo futalio
O besouen dau tounelier.
Lou resto de lo journado,
Coumo quàuque comorado
Iau beve coumo un templier. (bis)

Notro fenno que devino
Que n'en ài mo pleno pèu,
Credo, pesto, fài lo mino
Jusqu'anto à me fà deigrèu.
Mà, li dise : Mo Peirouno,
N'en beve mâ quan l'autouno
M'en proume moun ple tounèu. (bis)

L'endemo, tout se recôbro,
Iau vau ganiâ moun journàu,
Prene coumo moun monôbro
Un daus bous dau teneiràu.
Tout moun mounde, dî lo vinio,
En fosen volei lo guinio,
S'amuso d'un er jauviàu. (bis)

Quan qu'ei l'houro de dinado,
Lous drôleis eilujen tous.
Notro filio ve charjado
D'un ple dei de goletous.
Chacun emporto so peço,
E lou miàu doun au lo bresso
Rend lous boucis sobourous. (bis)

Quan n'oven tous sei querelo
Mossa notre be de Dy,
Motoli, sur so charmelo,
Jugo quàuqu'er eiboty.
Nous van en levan l'ôrelio
Minjâ d'un jigo d'ôvelio
E voueidâ notre bory. (bis)

Tout de suito aprei lo panso,
Coumo disio moun gran-pài,
Nous dijeiren dî lo danso
Ce qu'o garni lou parpài ;
E l'un fài, quan qu'ei veliado,
Un branle de retirado.
Quiau ten n'einuyo jomài. (bis)

Lou Peisan sorti de lo meichanto Annado, sur lou meimo Suje.

En *de lo Sobotieiro.*

Vau tournâ plosen,
Moun pàubre Lauren,
Pourài m'eisinâ de quàuquo denado ;
Vau tournâ plosen,
Moun pàubre Lauren,
Belèu touchorài quàuqu'arjen.
Nous van de par Dy
Culî dau blody,
Per nous pitançâ un trò de l'annado ;
Nous van de par Dy
Culî dau blody
Per nous soulojâ l'àutre eity.

Quàu gran deiplosei
Châ notre bourjei
Quan fau per dau bla li tirâ l'eiquinto !
Quàu gran deiplosei
Châ notre bourjei
Quan au nous viso de mal ei !
Iau pourài daumin
Nejâ moun chogrin,
Vendre quàuquore per bèure mo pinto ;
Iau pourài daumin
Nejâ moun chogrin
Di lou ju lechou dau rosin.

Ne t'au cache pâ :
Iau sabe troumpâ,
Ni mài mier qu'aucun fà lo countrebendo;
Ne t'au cache pâ :
Iau sabe troumpâ ;
Bien fi qui pouro m'atropâ.
Iau fosio mo par
De bla, de boliar ;
Sur tous lous semeis levavo mo rendo.
Iau fosio mo par
De bla, de boliar,
Sei reservâ lou mindre liar.

I'ài bien choreta,
Lo ne de coûta,
Trofiga dau bouei, vendu de lo palio;
I'ài bien choreta,
Lo ne de coûta,
Sei surtì de mo pàubreta :
Lo jen disen vrài,
Qu'un ne vèu jomài
Lou be fripouna servî d'uno malio.
Lo jen disen vrài
Qu'un ne vèu jomài ;
Car tout coumo au ve au s'en vài.

Trinquan, moun omi,
Tu fà l'endurmi...
Ne l'ciparnian pâ, lo vendenio ei bouno ;
Trinquan, moun omi,
Tu fà l'endurmi...
Nous foren mier notre chomi.
Tous notreis châtens
Menen lou boun tens ;

Queto bouno ve n'auren uno autouno.
> Tous notreis châtens
> Menen lou boun tens.
> Nous viauren, si Dy plâ, countens.

> Iau ne veirài pâ
> Mo filio boudâ,
> Countâ lous pesèus penden lo quoranteno;
> Iau ne veirài pâ
> Mo filio boudâ :
> Hujan lo vole moridâ.

> Lou vi mài lou bla
> Siran boun marcha;
> Nous feitoran bien, si n'en ài lo peno ;
> Lou vi mài lou bla
> Siran boun marcha :
> Nous foren souven lou pila.

> L'ei facho à plosei
> Per boliâ dî l'ei ;
> Lo te vài linje dî lo minioturo ;
> L'ei facho à plosei.
> Per boliâ dî l'ei,
> Ni mài lo porto bien soun bouei.
> Notro Magori,
> Qu'o fa fâ soun bri,
> Lo vole biliâ dî lo raso puro ;
> Notro Magori,
> Qu'o fa fâ soun bri,
> L'auro souen de notre Thori.

> Vivo de boun jour !
> M'en vau fâ moun tour,
> Redoubâ daus fûs, lous garnî de pelio ;
> Vivo de boun jour !

M'en vau fâ moun tour ;
Jusqu'au plosei servitour.
Quan vendeniorài,
Te couvidorài ;
Nous deicoufiren un jigo d'ôvelio ;
Quan vendeniorài,
Te couvidorài ;
Nous charmoren notre trobài,

L'Hîver.

ER : *Nous àutreis bous vilojàus.*

Au n'y o pû de be de Dy,
Tout ei raclia dî lo campanio,
N'oven sora lou blody,
Lou vi nouvèu mài lo châtanio.
Las felias toumben daus rouveis,
Lous pras jaunissen sous lous eis,
Lous pinsous mài lous posseràus
S'atroupen dî notreis eiràus. (*bis*)

Las motinodas fài fre,
Lous bous daus deis n'en payen l'oïo ;
Tout hoquo n'anounço re
Per metre notre cœur en joïo.
Lo Sen-Marti n'ei pâ bien louen,
Notreis vieis van saulâ lour couen,
Per domourâ dovan lou fe
Deichio qu'is s'en van au lie. (*bis*)

Iau ne sài pâ san jola,
Ni nuri dî lo miniardiso ;
Mâ que n'oyan prou de bla,
Iau me mouque dau ven de biso.
Lous seis, d'obor que se fài tar,
Iau parte fier coumo un Cesar,
E m'en vau fâ lou veliodour
Châ las pû drôlas d'alentour. (*bis*)

Quan l'àuven lous pistouleis,
E que nous menen lo charmèlo,

Las van channiâ de couleis,
Las prenen lour coueifo en dentèlo.
Per mier recebre lour golan,
Las piquen lour dovantàu blan ;
E la prenen un er frique
Quan l'àuven levâ lou luque. (bis)

Me que sài jente garçou
E qu'ài lo glieno bien peiniado,
Lo pû jento de meijou
Tout d'obor me fài 'no guiniado ;
Deilia coumo un ra de gronier,
Me ralete di soun cartier ;
Lo rusado, quan lo me vèu,
Eichapo d'obor soun fusèu. (bis)

Lou li masse, lo souri ;
L'o boun cœur, l'o n'ei pâ vilèno :
Lo me payo, e tout ei di.
Iau ne fau pâ d'àutro fredeno.
Ne tirgousse pâ lous hobis :
Quo ren lo jen tous eibaubis.
I'àime mier tout douçomen
Dire quàuquore de plosen. (bis)

Iau n'ài pâ l'espri tan prin ;
Mâ i'ài quàuquo delicotesso.
Lous àutreis que fan lou trin
N'an pâ dau tout tan de finesso.
Lejers coumo daus parpoliaus,
Is n'y van mâ per fâ lous faus.
Per me que sài lou pû pouli,
Sabe menâ l'àigo au mouli. (bis)

Quan danse qu'ei sei trobài,
Loun-ten n'ei pâ ce que m'enrumo,

Mâ m'y prene dau boun biài
Per las sautâ coumo 'no plumo.
Si l'envio nous pren quauquas ves
De fâ brosetâ daus chauves,
Iau chôsisse daus pû coumas,
Lous li pique dî sas mas.   (bis)

Lo me di pâ de tournâ ;
L'ei rusado, l'aurio tro hounto ;
Mâ vese, quan s'en fau 'nâ,
Que lo pàubro filio l'y counto.
L'y coure l'endemano-sei
Per veire froujâ moun plosei ;
Per me tout vài de mier en mier.
Veiqui coumo passe l'hiver.   (bis)

Chansou de Tablo.

Er counogu.

L'EI CHANTADO PER DOUX IVRONIEIS AU COBORE.

Nous soun eici au char denier :
Nous poyoren bien notro hôtesso.
Courei vite dî lou celier,
E chôsissei lo meliour peço.
Ne vole pâ de vi nouvèu :
Vole dau viei per fâ chopèu. (*bis*)

Jantou, pràito-me toun mouli,
Que n'en aye 'no reniflado.
A tablo quan sài abouli,
Sente mo teito emborossado :
Souven un piti presiliou
Me ser coumo de reveliou. (*bis*)

Vouei, teito-bî ! lou brave ausèu
Qu'àuve fredochâ trâ m'eichino !
Iau crese que qu'ei lo Bobèu
Que porto d'enguèro chopino.
Vole me grisâ de quèuqui,
Quan dèurio possâ per couqui (*bis*)

Trinquan coumo de bous efans,
Piti, quiau vi tacho lo napo.
Lou boun Dy counserve cent ans
L'ovi que n'en pourte lo grapo !
Iau li troube tan de sobour
Qu'iau migre d'ovei lou cau cour. (*bis*)

Tu ne fâ mâ-quan goutiliâ :
Bèu-me, bèu-me de quelo piancho.
Ne deinian pâ nous deibiliâ :
Fau traucâ lo ne touto francho.
Deicho au jour vole domourâ,
Quan châ nous dèurian me bourâ.   (*bis*)

Verso-me moun ple goubele,
Me-n'en autan sur to peitreno :
Quo te deirouliorio l'hole
E te rendro lo faço leno.
A to santa, pàubre eibeiti,
Nous sirian plo fas de potî.   (*bis*)

« Quan vous bevei, vrài cù de ploun,
Disio eimandi notro femelo,
» Sei v'eimojà per mài lou loun,
» Vous nous roueinâ, pàubro cervelo.
» Tan que vous sei au cobore,
» Lous recors ne nous làissen re. »   (*bis*)

Si tu lo couneichiâ, Jantou,
Tu lo veiriâ, lo bouno oubrieiro,
Vendre, per bèure sou goutou,
Bendèu, coule mài dovantieiro.
Quan lo me pren per un degu.
Qu'ei que lo n'en o pâ begu.   (*bis*)

Moussurs e domas, si sài gris,
Iau v'en domande bien escuso.
Iau n'ài pâ coumo vous d'espri ;
Ne sài mâ 'no vieilio buso.
Mâ iau sabe tout, ni mài mài,
Quan i'ài bien rousa moun parpài.   (*bis*)

Chansou d'un Chobretàire, sur un Meneitrier de Vilaje.

Er nouvèu.

Per diverti lo jen
Viv'un boun chobretàire!
Au lei qu'un violounàire
S'ender à tout momen. *(bis)*
De mo charmèlo uflado
Quan fau tundi l'aubouei,
Lo barjeiro rusado
S'en vài fà lo virado
Per me segre de l'ei. *(bis)*

Lo s'areito un momen;
Soun cor ba lo mesuro,
E tout di so pousturo
Se me en mouvomen. *(bis)*
Lou barjer que m'eicouto
Quito lou paturàu,
Per eicourci so routo,
Sous pes n'an pà lo gouto,
Au sàuto lo choràu. *(bis)*

Pù vite qu'un violoun
l'assemble lo jaunesso :
Lou golan, lo meitresso,
Venen au prumier soun. *(bis)*
Sei visà lo fourtuno
Ni mài l'hobiliomen,
Chacun pren so chacuno,
Que lo sio blouundo au bruno,
Coumo au se trobo au ren. *(bis)*

Me pàuse quàuquo ve ;
Quelo qu'ei mo miniardo
De ten en ten s'hozardo
De s'apreimâ de me. *(bis)*
Lo passo sei finesso
So mo dessoû moun brâ ;
Moun cœur ple de tendresso
Auprei de mo meitresso
Ne se possedo pà. *(bis)*

L'àutras, qu'an dau deigrèu,
Me prenen mo charmèlo,
E dessoû moun eissèlo
Me fan possâ lo pèu. *(bis)*
Las remplissen mo gâto
De poumas, de colàus :
Sài coumo un coq en pâto ;
N'au se mâ qui n'en tâto.
Vivo lous vilojàus ! *(bis)*

Chansou de Tablo.

ER : *Lous juméus.*

SAN jèure ! per bèure mo pinto
Troubâ-n'en un meiliour que me :
Ne me fau pâ tirâ l'eiquinto,
Sei barjiniâ beve tout ple.
Mo teito semblo 'no forjo
Doun un alumo lou charbou ;
Quan quiau vi passo per mo gorjo,   } *Bis.*
So cholour lou counsumo tout.

Quan mo fenno fài lo molino,
Lo cour sur me coumo un démoun.
T'â tor, li dise, Cothorino,
Tâto veire si qu'ei dau boun.
Lo chercho, en fan lo teriblo,
Un veire pû gran que lou mèu,
E soun visage se deniblo   } *Bis.*
Quan l'o moulia soun gourjorèu.

Quan lo Joni, notro vesino,
Ve chà nous d'un er ôzelier,
Soun tein freiche, so bouno mino,
Me rejauvissen tout entier ;
Li counte quàuquo foribolo,
Mo fenno pren soun er brutàu.
Mâ lou vi, quan lo se desolo,   } *Bis.*
Lo gorî d'obor de tout màu.

Quan notro jauno Peiroune
S'eimajo de voulei tetâ,
L'apojâ qu'ei 'no bogotelo,
Iau ne denie pâ m'inquietâ.
Li fau suçâ dau vi sur l'houro
Per lou tudèu d'un biberoun,
Quelo boun amo lou sobouro,   } Bis.
L'avalo, e s'ender coumo un poun.

Ne deve ni tailio ni rento
Quan i'ài bien rempli moun parpài.
I'ài toujour lo mino plosento
Deichio que moun luzer s'en vài.
Si beve per quàuquo persouno,
Mous coumplimens soun frans e cours,
Mous omis, lou ju de lo touno   } Bis.
Fài dau miraclieis tous lous jours.

Chansou.

ER : *Code-Rousselo.*

PRENEI pocinço, Teresou,
Si notre por ne di mâ *grou :*
Qu'ei qui so lingo noturelo;
Soun eiducoçy n'ei pâ belo.
  Ah! ah! lou pàubre gar
Foro pertan un prope lar.

Pouen de regre, notre bouque
N'o pâ trempa di soun boque.
Nous l'eileven que qu'ei mervelio :
Visâ coumo au dresso l'ôrelio.
  Ah! ah! lou pàubre gar
Foro pertan un prope lar.

De so poleto au soun chambo
Un bèu jour vous foreî frico ;
Au ve, lou jour de vôtro feito,
V'invitâ de moniero hôneito.
  Ah! ah! lou pàubre gar
Foro pertan un prope lar.

Recebei-nous d'un er bodin,
Au quèu por auro dau chogrin :
Soun cœur, helâ! soû so coudeno,
Tremblo de vous fâ de lo peno.
  Ah! ah! lou pàubre gar
Foro pertan un prope lar.

Vous sei tro pleno de rosou
Per rechiniâ notre goniou.
Au ne ve mâ per vous fâ rire,
E sur-tout per s'entendre dire :
  Ah! ah! lou pàubre gar
Foro pertan un prope lar.

Chansou.

En de lo Foure-Negro.

Que forâ-tu, pàubro Jonou ?
  Tu sei plo deleissado.
Coumen troubâ quàuque garçou ?
  Is van tous à l'armado.
Lous vieis, lous tors *(bis)* e lous boussus
Queto ve siran bien vengus.
Chou, chou, counsolo-te, counsolo-te, barjeiro,
Te rendrài, te rendrài richo meinojeiro.   *(bis)*

 T'eifredâ pà de mous piàus gris,
  Is soun de boun auguro.
 Lous vieiliars valen be lours pris ;
  Lour teito ei pù moduro.
 Sài vigouroù *(bis)* coumo à vingt ans,
 E moun be vau die milo frans.
Chou, chou, counsolo-te, etc.

 Moun golan m'o proumei so fe,
  Reipoun lo pastourelo,
 E lou pàubre garçou se be
  Que l'y sirài fidelo.
 D'àutre que se *(bis)* n'auro moun cœur.
  A Dy siâ, pàubre rodouteur.
Vici fa, domourorài, domourorài barjeiro :
Cherchâ doun, cherchâ doun n'àutro meinojeiro. *(bis)*

Oblido toun jaune barjer,
Chasso en te lo tristesso ;
Bientô l'ingra châ l'eitranjer
Foro 'n'àutro meitresso.
Tous quis fringans (*bis*) se gâten tous,
Sitô quis viren lou tolous.
Chou, chou, counsolote-te, etc.

Au s'ei 'na batre per l'omour
De notro Republiquo ;
Iau vole atendre soun retour :
Ensi pû de repliquo.
Si per hosar (*bis*) l'ordre dau cèu
Porto qu'au l'y làisse lo pèu,
Viei fa, domouroràl, domouroràl barjeiro ;
Cherchâ doun, cherchâ doun 'n'àutro meinojeiro. (*bis*)

Chansou.

Er de lo Mèro Comu.

Ne m'eimâ pû, vieilio Françou ;
Sài 'no raco, 'no potraco ;
Ne m'aimâ pû, vieilio Françou ;
Vau tout de biài coumo un auchou.
Sente moun cor que se deitraquo,
A tous momens quo l'y fài craquo :
Tous lous jours lo vilèno mor
N'en deirenjo quàuque ressor.
   Ne m'eimâ, etc.

Quan vole remudâ lou pe,
Quo cousino, fau lo mine,
Quan vole remudâ lou pe,
Tous lous chas fujen de deipie.
Quan me leve, planie l'eichino
Coumo un âne que sen l'eipino ;
En un soû mou qu'ei fa de me,
Ne pode pû servî de re.
   Quan vole, etc.

Lous doux chopous qu'ài reçôbus
De mo vieilio fau mervelio,
Lous doux chopous qu'ài reçôbus,
Me doune à Dy, soun bien vengus.
Un presen de vous me revelio.
Quan lou màu me chercho borelio,
Iau disc : Vivo l'omita !
Qu'ei lou bàume de lo santa.
   Lous doux, etc.

Chansou.

Er : *Moun pài èro po.*

Lo barjeiro que m'o tenta,
 Vrài, n'y o pâ so poriero
Di aucun de queteis coûtas,
 Ni di lo Franço entiero :
  L'o tan d'esperi
  Coumo Bozeri ;
 M'armo ! l'ei si coqueto !
  Tous lous avoucas
  Soun daus einôcas
 Auprei de mo Joneto.

De lo veire un ei tan rovi
 Qu'un ne po pâ mài ètre.
Lo parlorio mo fe leti
 To be que notre peitre.
  N'y o pâ de doctour
  Que balie lou tour
 Coumo eilo à d'uno histôrio ;
  Per bien joquetâ
  E bien perposâ
 Eilo soulo o lo glorio.

Per lou gouver d'uno meijou
 Lo vau tout l'or d'Espanio.
Quan lo charmèno 'no toueisou,
 Diriâ pâ que l'y manio.
  Quan ve per cousei,
  Fau veire sous deis :
 M'armo ! quo se deimèno !
  L'o plo pû tô fa

CHANSOUS.

  Cent porei de bas
 Qu'uno àutro 'no doujèno.

Avan lo piqueto dau jour
 L'o bouàifa so cousino,
Fài belèu mài de trento tours,
 Mei tout à soun eisino ;
  L'o lucha soun fe,
  L'àutras soun au lie,
 Que so soupo ei mountado ;
  Quan nous soun levas,
  L'o souven fila
 'No demiei couneliado.

Quan ve lo sozou de fà 'nâ
 Lo fourcho e lo faucilio,
L'o fau veire se demenâ :
 Quo n'ei pâ mâ 'no filio ;
  Mâ, dî quiau meitier,
  Quo n'y o pâ d'oubrier
 Que pàiche tenei teito.
  Per moudelounâ,
  Meidre, jovelâ,
 Lo semblo 'no tempeito.

Eil'o cent cos mài de bèutas,
 L'ei cent ves pû eimablo
Que las fodas divinitas
 Qu'is vanten dî lo fablo ;
  Eil'o de las dens
  Cliaras coumo arjen ;
 So boucho ei pû vermelio
  Que n'ei lou couràu,
  N'ài re vu de tàu :
 Qu'ei 'no vraïo mervelio

Iau deve bientô l'eipousâ,
  E mài d'un s'en desolo ;
Mâ eilo n'ei pâ per lour nâ :
  Qu'ei ce que me counsolo.
    L'o jura so fe
    Que d'àutre que me
  Ne l'auro per coumpanio ;
    Qu'is ne venian pâ
    Lo me trâ-tournâ,
  Aube n'aurian moranio.

Iau ne sài pâ un querelou
  Coumo certeno boualio ;
Mâ n'àime pâ lo deirosou,
  E n'entende pâ ralio :
    Aussi per mo fe,
    Si quàuqu'un l'y ve
  Coressâ mo Joneto,
    Iau l'eitriliorài ;
    Forài belèu mài,
  Li cossorài lo teito.

Lo Joneto qu'ài tan vanta
  Prei de vous, domoueisolo,
Quo n'ei mâ uno soleta ;
  Vous sei cent ves pû belo.
    V'ovei mài d'eime
    Dî lou piti de.
  Que 'lo n'o dî so teito ;
    Si èro grô seniour.
    Vous forio mo cour
  Pûtô qu'à mo Joneto.

Mâ ne sài mâ un grô peisan,
  Un lourdàu de vilaje,

E vous fau un home puissan
　E d'un grô heiritaje.
　　Per que qu'ei entàu,
　　A Dy sià, m'en vàu
Retroubâ mo Joneto ;
　　Vous souâte d'hônour
　　Que d'un grô seniour
Vous pàichâ fâ empleito.

Chansou.

Er : *Moun pài èro po.*

Lo filio que m'o deigouta,
  Vrài n'y o pâ so porieiro
Dî aucun de queteis coûtas,
  Ni dî lo Franço entieiro.
    Lo tan pàu d'espri
    Que notre toupi :
  Moun Dy! lo pàubro teito!
    N'y o pâ de chovàu
    Que parle si màu
  Que lo ledo Joneto.

Lo ne po pâ dire de mou
  Que ne sio 'no sotiso ;
Enrojorià coumo un chichou
  De veire so beitiso.
    Bouei notre bardo
    Au n'ei pâ si so.
  Qu'ei 'no vraïo bobulo.
    L'o be cependen
    Tout l'entendomen
  De notro vieilio mulo.

Si ne lo trojâ pâ dau lie,
  Ah! quelo pudiniouso
L'y restorio treis jours, treis nes.
  Ah! qu'ei no poressouso !
    Lo ne vau re fâ,
    Mâ bèure e minjà ;
  E lo journado entieiro
    Lo lo passo au lie

Au be au couen dau fe,
Sas mas dì so gotieiro.

L'ei pù òro que lou pitouei.
Quan l'ei dì so tanieiro,
Ne devinoriâ pâ que quouei ;
N'y o pâ guenou porieiro.
　　L'o soun nà vourmoû,
　　Un ei chossidoû ;
O ! quouo ei 'no deifociado.
　　So gorjo de four
　　Ei de lo coulour
De notro chominado.

Lo ne po surtì de meijou
　Sei que lo ne s'encoualie.
Ah ! quo n'y o pâ de leberou
　Si treina mài si sâle.
　　L'o sous coutilious
　　Que soun tous croutous
Jusqu'anto à lo centuro,
　　Ni mài sas chaussas
　　Toutas cubertas,
Sàu votre hônour, d'orduro.

Quo n'ei mâ 'no grosso femier,
　Uno deipeitrenado,
Que ressemblo au dimolardier,
　Tan l'ei màu monouliado.
　　Eil'o de l'ounglias
　　Que soun tan lounjas
Que quelas d'uno miàulo.
　　De sas grandas dens
　　Pouriâ eisomen
Manliâ un coutèu de tàulo.

Soun pài vau plo me lo bolià ;
Mâ per touto lo tèro
Iau ne voudrio pâ l'eipousâ :
Mier vaudrio fâ lo guèro
Qu'helâ de prenei
Quelo chocrouei,
Quelo grosso solopo,
Que vous fài bobour ;
N'en auriâ hôrour,
A forço qu'ei màu-propo.

Chansou.

Er : *Au n'y o pû de be de Dy.*

o sor, vous 'vei 'gu rosou,
En entran dî notro coufrieiro,
De chôsi quàuque potrou
A qui vous fuguessâ porieiro.
Ne deniei pâ v'en eitounâ :
Quo n'ei mâ dau couta dau nâ.
Car lou votre pourio for bien
Marquâ l'houras d'un meridien.

Vous sabei be que jomài
Un bèu nâ n'o gâta visaje ;
E ce que trobe de vràí,
Qu'ei qu'au ser à mài d'un usaje.
Au po sentî pûtô l'ôdour
De notre bouque, quete jour ;
Au n'en goutoro lo vertu
Milo ves mier qu'un nâ comu.

Iau vene, moun bijou ver,
Vous moyâ de moniero hôneito
E v'ofrì, d'un cœur eiber,
Lous pû bèus vœus per votro feito.
Lous nas louns soun marquo d'espri ;
Mouquâ-vous de quiau que n'en ri.
E venei vieilio de feiçou
Qu'au manie votre bobiniou.

Chanson.

En de lo pipo de toba.

Un jaune àubre de bouno espeço
   Froujo toujour à vudo d'ei ;
Ple de sabo dî so jaunesso,
   So teito verto fài plosei.   *(Bis.)*
Volei-vous retardâ so forço,
   Transplantâ so rocino aliour.
Vous lou verei channiâ d'eicorço
   Per bientô se crubî de flours.   *(Bis.)*

Charmanto tijo qu'ài dressado
   Dî lou ten qu'èro vigouroú,
Auro qu'ài lo teito courbado,
   Vous me poyâ plo mas feiçous.
Iau vous vese soù lo liaureo
   Doun 'vio ribandâ lou Dy Mar,
E pourtâ fieromen l'epeo
   Per defendre notre Cesar.

Lobicho, vivei per lo glòrio :
   Vous tendrei quo de votre pài.
Per tous lous tres de votro histôrio
   Charmâ bien votro dinio mài.
Per me doun lou viei cor s'einoyo,
   Toujour rôja per lo doulour,
Sente moun cœur boniâ de joïo
   De vous veire tan de volour.

Chansou.

En *daus portres à lo modo.*

Quan vau velià' coumo mo Jonou,
Prei d'eilo iau pique moun celou,
Sur lous golans que soun dî meijou
　Per joquetâ iau n'ài lo glôrio.
Per fâ daus counteis qu'ei moun meitier,
De revenans ni mài de surchiers,
De leberous, d'espris fomiliers,
　Iau n'en ài mo pleno memorio.

Dî moun chomi marche fràuc e bràu,
N'y o pâ de gaulier dî notre eiràu
Que ne sàute tout coumo un lebràu,
　'No ve qu'ài pouya mo guliado.
Dî lo danso vau coumo un lopin,
Guinie dau cû coumo 'narlequin,
Mous tolous van defôro e dedin.
　Iau divertisse l'ossemblado.

Per alouyâ n'y o-quo gourjorèu
Que tràuque mier las nibleis dau cèu?
Mo voû s'enten jusqu'anto au bourèu;
　Per tundî n'enlève lo palio.
Per dire un er mài soun recoursou,
'No tauvero mài uno chansou,
Dî lou poï n'y o gro de garçou
　Per hoquo-d'oqui que me valio.

Per jingâ ne sài pâ daus doreis :
Ne semble pâ de quis màu apreis

Que deichiren coueifas e couleis,
 Fan l'omour d'uno òro monieiro.
Ne dise pâ de mous de vaurien.
Fi de las barjeiras que s'y fien !
Aime lo mio, lo meinaje bien.
 L'hônour ei meita pegulieiro.

Per eicoudre n'y o-quo coumponiou
Que tire mier soun bla dau ploniou?
Au n'y o degu per me fâ rosou
 Quan fau deipeicha 'no soulado.
Per lobourâ iau sài lou prumier ;
Iau me vante d'être boun bouyer :
Ne passe pâ per un gauliocher
 Quan fau bien eigâ 'no rejado.

Per meitivâ passe lou dovan :
Fau que moun porier sio boun efan
Per que 'no ve dì tout lou chodan
 Au pàiche me grotâ l'eichino.
Per fâ un lian iau sài lou piaucèu ;
Levâ 'no gerbo qu'ei moun pû bèu.
Re ne me fài souplâ lou ratèu :
 Dau dô i'ài lo meliouro epino.

Quan fau fauchâ n'y o-quo de goliar
Que fài pû vite fralâ soun dar :
Dei lou moti jusqu'anto qu'ei tar
 Coueije milo andeis sur lo solo.
Quan iau besse semble un demoun,
Moun co de palo ei toujour prifoun ;
Per dovan me lou poï se foun :
 Daus bessodours tenc l'eicolo.

Quan me màile de borâ un plài,
Degu ne po sautâ per delài.
Per l'adresso mài per lou trobài
　　Motoli n'ei pâ uno brodo.
Gouverne bien notre biau pouniàu,
Mài touto sorto d'àutre beitiàu ;
Sabe couneitre et pensà lour màu ;
　　Moun gran pài m'o moutra lo modo.

Ne vau jomài dî de cobore
Me sodoulâ coumo un goure ;
Aime mier counservâ quàuquore
　　Per poudei chossâ lo misèro.
Sài lou pû prope de notre bour,
Mài lou pû drole que sio à l'entour,
Jujâ si, quan iau vau fâ l'omour,
　　Sài visa d'uno ôro monièro.

　Bouei, Motoli, tu perdei toun ten.
Lo Jonou di que sài pû plosen ;
Que fau que l'ane veire souven
　　Per parlâ de bientô fâ feito.
Vese que lo vài te chogrinâ :
Ne dijà re, quete Mardi-Grà,
Te proumete que tu dansorà.
　　Tiro to possy de to teito.

　Be sei-tu fa, moun pàubre Jantou,
Quan tu me disei que lo Jonou
Te vau prenei per soun coumponiou ;
　　Tiro quo-d'oqui de to teito.
Diaumen que ve nous foren bantià
Per lou dimar nous 'nà moridâ :
Domando-li-au, ne te mente pà.
　　Iau te couvide à lo feito.

Chansou.

En : *A-tu vu lo luno, Jan?*

Nous soun prei dau Mardi-Grâ,
E re ne te pràisso?
Loueisou, tu n'y sunià pâ?
Nous soun prei dau Mardi-Grà.
    Toun golan te làisso.
Gue! gue! sabe toun embàisso.
Au vendro quan tu voudrâ,
    Nous soun prei, etc.

    L'un s'einuyo rudomen,
        Pitito brunèto;
Morido-te prountomen.
L'un s'enuyo rudomen
    Quan un ei soulèto.
Gue! gue! toun cœur te repèto
Quel ovi à tout momen :
    L'un s'einuyo, etc.

    Iau cranie per tro lou nouei
        De quelo chodeno :
Moun cœur ei libre d'einei.
Iau cranie per tro lou nouei :
    Iau fuje lo peno.
Gue! gue! lo vito ei tro leno
Per aumentâ soun devei.
    Iau cranie, etc.

    Souven un jaune amouroû
        Prei de vous soupiro :
Au se fâ lou douçouroû.
Souven un jaune amouroû
    Di notre ei se miro.
Gue! gue! qu'ei-quo que l'atiro?

Qu'ei soun plosei noun pâ nous.
  Souven un jaune, etc.
L'eipouso-t-un, tout ei bèu
  Lo prumieiro annado :
Bientô tout vài degueinèu.
L'eipouso-t-un, tout ei bèu ;
Mâ l'un ei troumpado.
Gue ! gue ! ne sài pâ toucado
Per boliâ di quiau ponèu.
  L'eipouso-t-un, etc.

L'home, maugra soun sermen,
  Souven vous deisolo,
E pû lejer que lou ven,
L'home, maugra soun sermen,
  Prei d'uno àutro volo.
Gue ! gue ! ne sài pâ si folo
Per me fourjâ dau turmen.
  L'home, etc.

Ah ! quelo charjo de mài
  Ei bien dificilo :
L'un ei toujour en eimài.
Ah ! que lo charjo de mài
  Fài nàitre de bilo !
Gue ! gue ! domouroràI filio :
Fujei, ne tournei jomài.
  Ah ! quelo, etc.

Que de màus ! que d'emboras !
  Quan l'ei en fomilio.
L'un vau, l'àutre ne vau pâ.
Que de màus ! que d'emboras !
  Lou cœur n'en furmilio.
Gue ! gue ! domouroràI filio :
Vole rire mài chantâ.
  Que de màus, etc.

Lou Coreïme.

ER : *Nineto à lo cour.*

Lo Bloyo
S'einoyo,
Lo regreto lo joïo
Que lou coreime envoïo
Per nous fà enrojà.
Quan lo vèu plejà
Mo bèlo
Charmèlo,
Qu'ài mei dî l'archou
Moun bourdou,
Fau-quo que lo panso,
L'omour mài lo danso,
Lo di d'un er einuya,
Prenian lour vocanço
Jusqu'anto à l'alleiluya !

Deivino,
Mutino,
Qualo ei lo forto eipino
Que me blesso e chogrino.
Qu'ei que t'à l'er frique ;
T'eimâ lou coque.
'No filio
Bredilio
Càuso bien souven
Dau turmen.
Quito, mo barjeiro,
Toun humour lejeiro.
Penden lou ten coreimàu
Fài quàuquo prejeiro
Per reporà tan de màu.

Pitito
Maguito,
Quo d'oqui te merito :
Fau que tu siâ countrito
D'ovei prei tan de cœurs.
Tous eis soun vouleurs.
To mino,
Pû fino
Que quelo d'un cha
Prei d'un ra,
Dèu, per recoumpenso,
Bien fà penitenço,
Se countreniei mài junà,
E purà l'absenço
De quis que t'à fripounâ.

To crento,
To plento,
Me renden pà countente
I'èro vivo e plosento
Sei faussà moun sermen.
T'àime tendromen.
To bèlo,
Fidèlo,
Payo de retour
Toun omour.
Helà ! si sài tristo,
Moun pàubre Botisto,
Qu'ei que ne pouràï pû 'nâ
Te segre à lo pisto
Lous seis, per t'auvî sounà.

Chansou.

Er *daus Pitis-Sovouyars*.

Que fà-tu, Toueineto,
  Soû quis vers boueissous,
    Mo pouleto ?
Vâque sur l'herbeto
Coumo lous garçous.
    Tous quis vouleurs
    Prendran lous cœurs
    Que lo tempeto ;
Mà gardo bien, seloun to fe,
    Lou tèu per me.
  Emablo barjeiro,
    Vole que tu sià
      Lo prumieiro
  Ni mài lo darnieiro
  Que forài dansà.

Te jure que sài fidelo ;
Crèu-me moun pàubre Panchei.
S'is me disen que sài bèlo,
Per te quo me fài plosei.
    Auprei dau tèu
    Qu'o prei lou mèu
Tout àutre cœur m'ei bogotelo ;
    Touto soulo,
    Lou loun dau jour,
Iau sunie à moun omour.
Làisso-me gardà mous moutous ;
Iau trouborài moun sor pû dous
Que de 'nà coumo lous garçous.

Iau t'àime, bruneto,
Pû for que jomài,
Mo pouleto.
Tu sei dî mo teito
E dî moun parpài.
De toun omour,
De toun humour
Iau me fau feito.
Pàichan-nous, quete Mardi-Grà,
Nous moridà.
Ah ! pàubro pitito
Tu fà lou bounhur
De mo vito.
Toun retour merito
Lou cœur lou pû pur.

I'estime mài que lo danso
Mo counoulio e moun fusèu :
Nurisse moun esperanço
Tout en gardan moun troupèu.
Iau t'eimorài
Tan que viaurài :
Moun cœur ei fa per lo counstanço.
Vivo un garçou que n'ei pâ fau,
Qu'ei revelia coumo un sinsau.
Quan tu venei velià lous seis,
Tout te coresso jusqu'aus cheis :
Tu menâ toujour lou plosei.

Chansou.

Er de lo palio.

Parla-me d'un repâ jauviàu
D'ente un vèu chossâ lo tristesso,
Ente un enten aucun perpàu
Que blesso lo delicotesso.
L'un trinquo per felicitâ
Un bèu gosier que nous revelio,
E doun lous fredous enchantas
Charmen lou cœur coumo l'ôrelio. (*Bis.*)

L'un soludo grociousomen
Ni mài moussur ni mài modamo,
E ce qu'un bèu di quiau momen
Repan dau bàume di notro amo.
Quan l'eico repeto lour noum
E lou glou glou de lo boutelio,
Per lor quel agreable soun
Charmo lou cœur coumo l'ôrelio.

Bevan, bevan d'un si boun jus,
Mâ counservan l'espri tranquile,
E respectan tous las vertus
Daus meitreis de quiau doû ozile.
Moûtran-lour per notreis transpors
Que notro rosou toujour velio ;
Que notreis chans, notreis acors
Charman lou cœur coumo l'ôrelio.

Chansou,

Er : *Fennas, voulei-vous ciprouvá.*

Au l'ei d'un jour, chantan n'en doux.
Veiqui qu'ei fa, i'ài l'amo francho,
E quan fau s'ôcupâ de vous,
Iau ne vau jomài sur uno ancho.
Vous sei toujour dî moun cervèu,
E ne dise pâ de fodèzo
Quan jure que lo Sen-Michèu
M'ei charo coumo lo Therèzo. (*Bis.*)

Lo Sen-Michèu m'ovio proumei
De me poyâ quàuquo coufrèto;
Quan iau l'y sunie dau deipei,
Mo pàubro lingo n'en lebrèto.
Qu'ei tout eigàu, lo vau moyâ
Avec l'omita lo pû pûro;
Si lo Therèzo vau poyâ,
Chantorài lo bouno ovanturo,

Ne v'àime pâ per intere,
Vous meritâ tro mo tendresso.
Tout me plâ dî votre pourtre,
Lo bounta l'y brilio sei cesso.
Lou vingto-nau dau mei dernier
V'eimavo de touto moun âmo;
En octobre sài tout porier,
Sente per vous lo meimo flâmo.

Chansou.

Er à fâ.

Au bien humetâ
Mo pàubro gourjeiro, } *Bis.*
Per poudei chantà
Notre pitito barjeiro.
Dì quiau momen
Ne fau pâ de coumplimen.

Visâ dî sous eis
L'espri que luqueto :
Qu'ei un vrài plosei
De l'auvî quan lo joqueto.
Dì quiau momen
Ne fau pâ de coumplimen.

L'o de lo vertu ;
L'ei plosento e sajo.
Jomài s'en ei vu
De pù gaio e min voulajo.
Di quiau momen
Ne fau pâ de coumplimen.

Soun eimable eipoù
Dì sous eis se miro.
Soun sor siro doù :
Qu'ei ce que chacun desiro.
Dì quiau momen
Ne fau pâ de coumplimen.

Servei-me dau dur,
Mo fe l'au merito.
Bevan au bounhur
De quelo jento pitito.

Dì quiau momen
Ne fau pà de coumplimen.

A votro santa,
Bruneto charmanto.
Oyâ lo bounta
De bèure per quiau que chanto.
Dì quiau momen
Ne fau pà de coumplimen.

Chansou.

Er : *Oui, i'àime à bèure me.*

Chantan lo Marioun
Lou jour de so feito,
E celebran tout de boun
Quelo jento bruneito.
Oblidan notreis soucis,
Deiniblan notro faço ;
Que di notreis cœurs transis
Lo joïo troube plaço.
   Chantan, etc.

Mâ ne visan pâ tro
So negro prunelo,
Lo brauliorio tout d'un co
Notro pàubro cervelo :
Certen efan qu'ei vouleur
L'y te soun arboleito,
E quan au vèu quàuque cœur,
So fleicho ei toujour preito.
   Chantan, etc.

Per nous gardà de màu,
Fau channià de gâmo,
E chantà d'un er jauviàu
Lo bounta de soun àmo.
L'ei vivo coumo lou fe
Quan quàuquore lo tento,
Mâ di lou momen lo ve
Pù douço e pù plosento.
   Chantan, etc.

Chansou.

Er : *Fennas, voulei-vous eiprouvá.*

L'omita que deipei loun-ten
Renio dî lou foun de moun âmo,
  Josefino, dî quiau momen,
Renouvelo so douço flâmo.
  Quan l'himen de l'or lou pû pur
Fài las molias de to chodeno,
  Moun cœur fourmo, per toun bounhur
Daus vœus que n'en valen lo peno. (*Bis.*)

  Iau n'ài re vu de pû miniar
Que las grochas de to figuro ;
  Tu t'esprimâ toujour sei far,
E tu detestâ l'imposturo.
  T'â de l'eime, de lo rosou ;
Toun atachomen ei fidèle,
  Toun ei, coumo un co de conou,
Doundo lou cœur lou pû rebèle.

  Que toun home brûle d'omour,
Nòvio, de so bouno fourtuno
  Pàichâ-tu per un doû retour
Rendre votro joïo coumuno.
  Pàiche lou calme lou pû doû
Reniâ dî votre huroû meinaje ;
  Vous sei tro aimables tous doux
Per l'y fà nàitre quàuqu'òraje.

Lo Dinado de Campanio.

ER : *Suvenci-vous-en*.

Au vene, pàubro Coti,
Dîna de boun opeti.
I'ài sarclia notre froumen
    Dilijentomen.   (*Bis.*)
Au froujo un ne po pâ mier :
Lou poura n'ei pâ pû ver.

Notre Pière o revira
Lo meita de soun gora ;
Ni mài vesio lous dous biaus,
    Que ne soun pâ niaus,
Finiolà dessoû lou jou
E bien segre lou rejou.

Fenno, và-tu tô trempâ ?
Me sente l'estouma bâ.
Tenguessan-nous notro par
    D'un boun trô de lar,
Ni mài notre rouquiliou,
Qu'àido poussà lou bouliou.

Mâ ne sài pà grô seniour
Per minjâ dau mài meliour ;
Mà que n'oyan prou de po,
    Me moque d'hoquo.
Si Dy nous balio dau bla,
N'auren un piti sola.

Crubo mas soupas de chaus,
Que las minje en doux filaus.
Vau poriâ qu'un bèu moussur
  N'o pâ de segur
De goû per un boun mourcèu
Mài que me per moun tourtèu.

Per mo fe n'y o re de tàu
Que de minjâ fràuc e bràu.
Lo fam ei un cousinier
  Que n'o pâ meitier
De pebre ni mài d'inious
Per troubâ lous boucis bous.

Chansou.

ER : *De to mo quèlio lou frui.*

L'AUTRE jour lo jauno Bobèu
Filavo so counoulio ;
Lo reibavo, e soun troupèu
S'eigoravo dî l'eitoulio.   (*Bis.*)
Dei loun-ten lou màu d'omour
Lo turmentavo (*bis*) ne-t-e jour.

Lo disio tout en s'ofrounan :
    Gran Dy, qualo misèro !
Iau vau perdre moun golan : .
Is lou menen à lo guèro.
Dei loun-ten lou màu d'omour
Lo turmentavo (*bis*) ne-t-e jour.

Entre-tan lou loup li rope
    L'ôvelio lo pû grasso :
Per bounhur Jantou tire
E l'eitende sur lo plaço.
Dei loun-ten lou màu d'omour
Lo turmentavo (*bis*) ne-t-e jour.

De l'ôvelio au sàuvo lo pèu :
    Per se qualo victôrio !
Au cour troubâ lo Bobèu
Per li fâ par de l'histôrio.
Dei loun-ten lou màu d'omour
Lo turmentavo (*bis*) ne-t-e jour.

L'ingra que càuso moun chogrin
　　Me ren deisesperado :
Au par sei fâ lou calin,
Per 'na ganiâ so brigado.
Dei loun-ten lou màu d'omour
Lo turmentavo (*bis*) ne-t-e jour.

Jantou que l'eimavo en secre
　　Lo ren pû rejauvido ;
Lo sourî, lo li proume ;
Lou pàubre golan s'òblido.
Dei loun-ten lou màu d'omour
Lo turmentavo (*bis*) ne-t-e jour.

Chanson de Tablo.

Borjoun ! vivo lo bouno châro
Mài lou vi que n'o pà de taro ;
 Qu'ei qui lo perlo daus ploseis.
Quis-d'oqui que lou mounde vanto
 Soun de l'espeço daus harneis,
Qu'an toujour quàuquore que banto.

L'omour, pû lejer qu'uno auselo,
Meno coumo per lo bretelo,
 L'home meimo lou pû molia.
Qu'au l'enchante per uno bloïo,
 Lou couqui lou te moliouna,
Tout niaure d'uno fàusso joïo.

Quan i'ài lous pes dessoû lo tàulo,
Iau sài pû counten qu'uno gràulo
 D'un bèu colàu que l'o trouba
Iau prese lous beis mài lo danso
 Tout coumo un peiroule creba,
Quan i'ài dau vi, de lo pitanço.

Si passe lo semmano entieiro,
Que lo sio feitado au plonieiro,
 Sei voueidà treis ves moun luzer,
Vene pâle coumo un ermito ;
 Quelo d'aprei re ne se per,
Iau tire parti de lo vito.

A tablo chà quàuquo persouno
Qu'o de boun vi, mài que lou douno
   D'un cœur qu'ei fran coumo de l'or,
Moun omita lo pù marquado,
   Qu'ei de bèure, jusqu'o ple bor,
A lo santa de l'ossemblado.

Coumence d'obor per modâmo,
l'avale de touto moun âmo ;
   L'o lou cœur noble et ple d'hônour.
Tout de suito à coumblo rosado
   Iau beve à chacun soun tour,
   E quiau meitre toujour m'agrado.

Chansou.

Er *dau piti mou per rire.*

A LO SOEUR S.–M....U.

Coumo n'àimen lo Sen-Michèu,
Sur un toun drôle mài nouvèu
 Nous foren notro horingo.
Qu'ei lo coutumo daus bouns cœurs,
E lous coumplimens daus floteurs
 Ne valen pâ 'n'eipingo.

L'eime luqueto di sous eis,
Lo n'en o jusqu'au bou daus deis;
 So bounta se distingo.
L'ei prounto coumo l'arjeu vy;
Mâ lo jen qu'an l'er tro sery
 Ne valen pâ 'n'eipingo.

Sen-Michèu, quiau jour enchanta,
Renouvelo notro omita,
 Que guido notro lingo.
Votras sœurs v'àimen tendromen;
Si quàucuno penso àutromen,
 Lo ne vau pâ 'n'eipingo.

Notre cœur sen milo douçours
En vous presentan quelas flours;
 De joïo au n'en eipingo.
Lours cœurs frans parlen sei feiçou,
Mà lo jen que van en dessoû
 Ne valen pà 'n'eipingo.

Nous soun tro plenas de rosou,
Nous ne volens re de lechou,
  Ni biscui, ni meringo.
Mâ regolà-nous, qu'ei de dre.
Las feitas que ne porten re
  Ne valen pas 'n'eipingo.

Chansou.

ER : *Suvenei-vous-en.*

A LO MEIMO.

Votreis eis vesen plo prou,
  Sei vei besouen d'un vitrou.
Quitâ-me, sœur Sen-M....u,
  Quel enjin nouvèu   (*Bis.*)
Que n'en bresso lo meita,
E n'en crubo lo bèuta.

Ne metci pâ per plosei
Lo luno sur lou soulei.
Quitâ-me, sœur Sen-M....u,
  Quel enjin nouvèu.
Soù quiau jibe de molhur
Iau l'y perdrài de segur.

Las pastilias poreitran
Pù belas que ne siran.
Quitâ-me, sœur Sen-M....u,
  Quel enjin nouvèu,
Aube tirâ-lou dau nâ,
Qnan vous voudrei me dounâ.

De votre ei, gracio au boun Dy,
Lou regar ei plo prou vy.
Quitâ-me, sœur Sen-M....u,
  Quel enjin nouvèu.
Jusqu'o dì dies ans d'eici
Borâ-lou dì soun eitui.

Chansou.

A LO SOEUR S.–M...Y.

Soeur Sen–M...y, quo n'eï pâ de bobiolo ;
  Fau fà surtî quàuque fredoun
De votro voû que roussiniolo,
  E meinojà–n'en bien lou soun.
Tout eici de joïo petilio,
  Tout ressen un plosei nouvèu.
Lo fauveto, dî lo charmilio,
  Uflo soun piti gourjorèu.

Lo pàubro inoucento gozoulio
  Deipei lou levà dau soulei,
E l'auselo en possan bredoulio
  Lous refrens que lo po sobei.
Lou pinsou de joïo quinquino
  Sur lous àubreis à tout momen,
E vous dirià que tout devino
  Que qu'ei demo lo Sen–Lauren.

Las noviças qu'àimen lour mèro
  Celebren quis momens flotours :
Prudento, sei ètre sevèro,
  L'ei l'omijo de tous lous cœurs.
Cherchâ–me doun, dî votro gâmo,
  Quàuqu'er que pàiche rejauvî :
Nous siran tout cœur e tout âmo,
  E tout òrelias per auvî.

Chansou.

En *daus Pitis-Sovouyars*.

Vivo Cotorino !
    Prei de soun Tistou
Qualo mino !
Mài l'un l'eisomino,
    Mài l'o l'er filou.
    V'aurià bèu fà,
    Quan fau s'eimâ
L'un se devino,
    Sei que l'un men,
    E lou sermen
    N'ei que dau ven.
Cotorino ei jento,
    Tistou vài l'eimà.
    L'ei plosento,
Soun humour risento
    Saubro lou charmà.

Quiau porei per pegulieïro
An d'obor pourta l'hônour ;
Lo vertu, lour nurichieïro,
Lous menavo ne-t-e jour.
        L'un se counve
        Quan un preve
Per sas feiçous, per so monieiro :
L'omour cesso d'être troumpeur
Chà de lo jen d'aussi boun cœur.
Tistou se charmo de soun sor ;
Lo nôvio goûto un doù transpor :
Is s'eimoran jusqu'à lo mor.

De monieiro hôneito
   Fosan tous brundî
     Quelo feito,
 E que lo tempeito
   Fau nous rejauvî.
    Ah ! fau tirâ
    Lous emboras
   De notro teito ;
    Châ daus omis
    Tous lous soucis
    Soun interdis.
Quan un vèu sei joïo
   Possâ sous momens,
    L'un s'einoyo,
 Mâ aprei lo ploïo
   Nous ve lou bèu ten.

A votro santa, bruneto ;
A votro santa, Tistou.
Vau rendre mo tasso neto.
 Omis fosei-me rosou.
    Lou vi vau mài,
    L'un ei pû gài
Quan un o di so chansouneto.
 Lou cœur s'espliquo franchomen,
L'un ne fài pâ de coumplimen.
 Que lous ploseis soun sobourous
 Châ daus meitreis doun las feiçous
Fan veire lours cœurs jenerous !

Chansou.

Er : *Per divertî lo jen.*

A LO SOEUR S.–A...Y.

Chou, nous ne diren pâ
Que vous sei bien eimablo ;
Deijà quiau mou v'accablo,
Nous van be tô chobâ.   (***Bis.***)
Mà n'oven dî lo teito,
Maugra votre er sery,
De fà, quiau jour de feito,
Brundî que lo tempeito :
Vivo lo Sen-t-Andry !

Diriâ que qu'ei per vous
Lo mor dau gran Turèno ;
Votre espri se charmèno
E migro countre nous.
Tan min, pàubro pitito,
V'ovei de pretency,
Tan mài quo nous invito
A chantâ tout de suito :
Vivo lo Sen-t-Andry.

Que votre protectour
Vous sàuve de lo poucho,
Lo ne dî votro coucho,
Mài tout lou loun dau jour.

Si quïau boun sen vous gardo
  Seloun notro intency,
Vous sirei, mo miniardo,
Toujour sajo e goliardo.
  Vivo lo Sen-t-Andry.

Nous chanten votre noum,
  E l'omitâ vous maïo;
Mà sunià que l'un païo
  Certen revenan-boun.
Quàuquo pitito histôrio
  Revelio l'atency.
Per lor l'un se fài glôrio
D'ovei di lo memôrio :
  Vivo lo sen-t-Andry.

Chansou.

Er de lo pipo de toba.

Iau ne baliorio pâ 'n'eipingo
  D'un brouchodour de coumplimens
Que ne deiroulio mâ so lingo
  Per mountrâ soun entendomen. (*Bis.*)
Lo meita de quelo sepalio,
  Doun lou cœur ei bien louen de vous,
Soun countens coumo ra en palio
  Quan is v'an rima doux treis mous.

Qu'ei lo bezi que lour mervelio ;
  Quo s'én vài coumo qu'ei vengu :
Qu'entro toujour per uno ôrelio ;
  Quo s'en vài per l'àutre partu.
Toun omi ne fài pâ de meimo ;
  E, sei tan fâ lou finioleur,
Au ve te presentâ lo creimo
  Dau pur sentimen de soun cœur.

Peirouno, tu sei bien eimado :
  T'eimâ fài moun pû gran plosei.
Tu sei toujour dì mo pensado,
  Deipei lou moti jusqu'au sei.
Te, toucho qui ; qu'ei quo que piàulo ?
  Tout l'y jubilo en quete jour.
Moun cœur se de prei mo poràulo
  Quan te parle de moun omour.

Lou respe s'y charmo en silenço,
 E lo tendresso, à soun coûta,
Banio de joïo en to presenço,
 E te per las mas l'omita.
Tous lous treis prenen lo voulado,
 Se renden per te quiau presen,
E per partojâ l'embrossado
 Chacun se disputo lou ren.

Chansou.

Er *de lo pipo de toba.*

A LO SOEUR S.-M....U.

Lou soulei deibro so feneitro
　Per coumençâ de nous lusì,
N'oyan pû lo mino si pieitro,
　Las nibleis van s'eivonusî.　　　　(*Bis.*)
Lou bèu ten ve aprei lo ploïo,
　Si qu'ei lou boun plosci dau cèu.
Credan toutas plenas de joïo :
　Vivo, vivo lo Sen-Michèu!

N'ài jomài gàire vu de filio
　D'un corotari si deiber.
Maugra lo mor mài so faucilio,
　Nous l'oven tirado dau per.
Pàiche-t-eilo, loun-ten alerto,
　Fâ l'esperanço dau troupèu!
Dy nous garde de quelo perto!
　Vivo, vivo lo Sen-Michèu!

Moun respe, mo vivo tendresso,
　Per vous celebrà quete jour
Dî moun cœur disputen sen cesso
　Qui jauviro de quel hônour.
Mâ coumo, quan ve votro feito,
　Is brûlen d'un zeile nouvèu,
Is creden tous doux, teito à teito
　Vivo, vivo lo Sen-Michèu!

Quelas flours, ô mo bouno omijo !
   V'esprimen moun omour arden.
Lo recouneissenço m'ôblijo
   A lou gardà fidelomen.
Mo sœur, votre boun cœur m'invito
   A vous fà viaure di lou mèu,
Iau credoràï touto lo vito :
   Vivo, vivo lo Sen-Michèu !

Chansou.

Er *de las visitandinas.*

A LO SOEUR G....U.

Vau veire mo vieilio Francèso ;
  Moun visaje, deirido-te,
Fài te freiche coumo uno freso ;
  Que tout s'eiponisse châ me. (*Bis.*)
Chogrins, fujei de mo pensado ;
  Dî lo prunelo de mous eis
  Que tout li penie lou plosei
Que me càuso soun aribado. (*Bis.*)

Lo n'auro pâ channia de gâmo ;
  Soun cœur ei pur coumo de l'or.
De las quolitas de soun âmo
  Lo gardo tro bien lou tresor.
Sous eis disen ce que se passo
  Di lou pû proufoun de soun cœur,
  E quan lo counei un menteur,
Lo ve pû frejo que lo gliaço

L'omita, lo recouncissenço,
  Li fan un coumplimen nouvèu ;
Mâ iài paure qu'en so presenço
  Tout s'embràulie dì moun cervèu.
Ah ! si mo lingo o de lo peno
  Per esprimâ moun sentimen,
  l'espère que dì lou momen
Lo n'en trouboro lo cenceno.

Si l'aje m'o pleja lo talio,
   I'ài counserva mo bouno humour,
Vese mo barbo que grisalio,
   Sei n'en 'vei lo mindro doulour.
Si tu sufrei de quelo târo,
   Sunio que l'aje, châ lous vieis,
   De l'omita saro lous noueis,
Jusquo que lo mor lous sepâro.

Qualo joïo, vieilio cherido,
   Quan te veràiː lusî châ nous !
Moun âmo, qu'ei de te remplido,
   Jauviro de momens bien dous.
Lous ploseis qu'àimo l'inoucenço
   Soun de si bouno quolita,
   Qu'is tenen lou cœur enchanta
Penden que duro lour absenço.

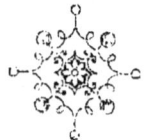

Lou sen Ermito.

Podomas, per vous coumplàire,
    Per dissipâ votre einei,
Iau vau chantâ, per vous plàire,
    Uno chansou quete sei.
      D'obor, d'obor
Iau vau troubâ votre ofàire,
    Iau vau fâ tous mous eifors,
E ta, ta, ta, la, la, la, ra, ta,
    Iau vau troubâ votre ofàire,
    Iau vau fâ tous mous eifors.

Iau sài un pàubre ermito
    Que voudrio eici lujà.
Dijà, pàubro pitito,
    Voudrià me retirâ?
Ah! choritablo hôtesso,
    Si vous n'ovei pieta
De l'omour que me ble e e e e esso,
    Mèrài sur lou pova.
E ta, ta, ta, la, la, la, ra, ta.   (*Bis.*)

Ermito, sen ermito,
    Mo fe v'ovei gran tor
De venî à lo porto
    D'uno filio que dor,
De venî à so porto
    Afi de l'eivelià.
Lou vesi que v'eicou ou ou ou outo
    Demo vài plo parlà.
E ta, ta, ta, la, là, la, ra, ta.

Dedî moun ermitaje
Iau vivio sei regre :
De meichan frui sauvaje
Fosio moun entreme.
Votro bèuta, Climèno,
O troubla moun repàu ;
Veiqui ce que me mè è è è è èno.
Deibrei vite l'oustàu.
E tàu, tàu, tàu, etc.

Bouei, lo bravo pretiquo !
Mo fe n'y o plo de que.
A tàu bouno reliquo
Vau tirâ lou luque...
Iau deibre mo feneitro,
Prene moun aurinàu,
Iau li crube lo tei ei ei ei ei eito
Per li gorî soun màu.
E tàu, tàu, tàu, etc.

Mo fe lou pàubre ermito
Reçôbe l'aurinàu
Coumo au disio : pitito,
Jitâ-me doun lo cliàu.
Au n'o so pleno gorjo,
Au ne po pû piauchâ.
Lo moutardo l'eigo o o o o orjo,
Li mounto dî lou nâ.
E poua, poua, poua, etc.

Si lou diable te charmèno
D'uno àutro tentocy,
T'atende, dî Climèno,
En bouno devoucy.

Notre home se desolo,
E di, quan o crocha :
Lou diable sio ! lo dro o o o o olo,
Mo fe, mo plo moucha.
E poua, poua, poua, etc.

Jujà si notre ermito
Eitoufe soun omour,
Ne disse pû : Pitito,
Ni boun sei, ni bonn jour.
Au n'eissujo so cilio,
Viro soun copuchou,
N'ensecou so mandi i i i i ilio,
N'en di treis quatre fou...
E fou, fou, fou, etc.

Chansou.

Er : *Per divertî lo jen.*

A M. M....

Queto ve vous m'aurei,
  Lou jour de votro feito,
Iau 'vio mei dî mo teito
  De lo segre de prei. (*Bis.*)
Si, dî lou foun de l'âmo,
  Vous n'en ovei deipie,
Iau sài dinio de blâmo,
Car sài 'no bouno lâmo,
  Que n'o pâ de regre. (*Bis.*)

Coumo à votre potrou,
L'Espri-Sen à mervelio
Dî lou crô de l'ôrelio
  Vous souflo so leiçou,
Votro vivo lumieiro.
  Per counduire mous pas,
Eclieiro mo carieiro,
E m'apren lo monieiro
  De ne pà me troumpâ.

Fau daus vœus quete jour,
Que n'enleven lo palio :
N'yo degu que me valio
  Per poyâ de retour.
Lo peno n'ei pà minço
  De pourtâ moun poque.
V'ovei tant de pocinço,
Que me forio coucinço
  De venî sei bouque.

Chansou.

ER : *Tout home qu'o treje fennas.*

A LO SOEUR SEN-M....U.

Qu'ei las sœurs de lo boutiquo
  Que l'y van toutas de cœur.
Chacuno d'eilas se piquo
  De n'ovei re de troumpeur.

Nous chanten uno coumpanio
  Que vau plo soun pesan d'or ;
Notre cœur de joïo banio,
  E ver lou cèu pren l'eissor.

Nous senten, quiau jour de feito,
  Lou plosei lou pû nouvèu.
Chantan doun que lo tempeito :
  Vivo lo sœur Sen-M....u !

Miniardo de lo noturo,
  Lo li balie per presen
Un cœur fran, uno âmo puro,
  Mài tout ple d'entendomen.

Quan quàuquore l'o blessado,
  L'ei prounto coumo un eicliar ;
Mâ quo n'ei mâ 'no fusado
  Que fini per un petar.

Nous l'àimen coumo nous-meimo,
  Nous lo van moïâ de flours.
Daus bouns cœurs eil'ei lo creimo ;
  Quo se prouvo tous lous jours.

Coumo l'ei de bouno pâto,
  Lo poyoro roundomen ;
E dî lou foun quo nous hâto
  De jauvî de quiau momen.

Nous ne volen pâ de casso,
  De rubarbo, de seine ;
Mâ be de quo-qui que passo
  S'ei v'empoueisounâ l'hole.

Sœur, pàichei-vous sei tristesso
  Coulâ lous jours lous pû dous ;
Que Michèu tenie sei cesso
  Soun chàufo-pe louen de vous.

Per lo Feito d'un Jan.

ER *de lo pipo de toba.*

Nous poden, se di l'Ecrituro,
Nous divertì per lo Sen-Jan,
Risan tan que lo feito duro ;
   Lo ne tournoro pà d'un an.
V'àutreis, metei-vous dì lo teito
   Que, per bien chantà un omi,
E per bien fà brundî so feito,
   Fau de lo joïo e de boun vi.

Oui, Jan, dau meliour de notro âmo
   Nous bèuren à vôtro santa ;
Sei cesso sur lo meimo gàmo
   Quiau refren siro repeta.
Dy sàuve Jan que nous couvido
   D'un cœur qu'ei fran coumo l'or fi ;
Mà per mier fà notro partido,
   Fau de lo joïo e de boun vi.

Soludan aussi so fomilio :
   Chantan e bevan tour à tour ;
Dirià que quiau vi que petilio
   Semblo partojà notro ardour.
A vous repetà tout m'invito
   Qu'à lo feito d'un boun omi,
Lou pû grand plosei de lo vito
   Qu'ei de lo joïo e de boun vi.

Chanson.

ER *d'uno sautieiro.*

Dei loun-ten uno jauno bruno
   O mei lou fe di moun parpài,   (*Bis.*)
L'àime mài que mo fourtuno ;
   Nou, jomài l'òblidoài.   (*Bis.*)

Lous doux eis de quelo pastouro,
   Que luqueten coumo l'ambrei,
Soun negreis coumo 'no mouro ;
   Lour mirei m'o d'obor prei.

Li ài jura cent ves que l'eimavo ;
   Qu'ovio de lo fidelita.
Lo, cresen que bodinavo,
   Aumento so cruauta.

Maugra so rigour, lo m'enchanto ;
   Degu l'àimo pû tendromen.
Tàu que fài lou petovanto,
   Soun sermen n'ei mâ dau ven.

Ne vau pâ per mo tan eimado
   Coure lous seis coumo un margàu.
Ni mài per chaquo veliado
   Briaulâ coumo un soligàu.

Me mouque de quelo conalio
   Que fan l'omour à co de pouen.
Iau dise, valio que valio,
   Mo pensado sei temouen.

Lou Moridaje d'un Tolieur retarda à càuso de lo meichanto Annado,

CHANSOU A SO MEITRESSO.

Er : *Ah! ah! Mounseiniour.*

Queto annado quo bufo màu,
Lou cure minjoro soun jàu.
Faudrio 'vei perdu lo rosou
Per fâ feito en queto sosou.
Au l'y aurio de que se roueinâ
Dî lou pû leger deijunâ.

Tu fumorâ, pàubro Coti,
Jusqu'o d'einan faudro poti ;
Mâ n'oyà pâ tan de deipie,
A touto perto au l'y o proufie.
Toun eime vadro mài d'un tier,
E belèu te couneitrài mier.

Lou ten passo coumo un eicliar ;
N'ei pâ sitô jour qu'au ei tar.
Si n'èro que lou pû souven
L'un molevio quan un aten :
L'annodas passen coumo un ry,
Sei l'y fâ presque d'atency.

Iau te jure que t'eimoràt,
Sei que m'en deiveje jomài.
Mo mìo, per me qual einei
Si quàucu te balio dî l'ei !
Quo ne te forio pà d'hônour,
Si tu me jugovà quiau tour.

Iau sài tolieur ; qu'ei un meitier
Qu'o toujour nûri soun oubrier.
Quan trobalie châ lou bourjei,
Souven, sur ce qu'au fài cousei,
Iau ràube quàuque petossou :
Quo fài plosei dî lo meijou.

Iau sabe, quan degu n'au vèu,
Tirâ 'n'armelo d'un gûcèu,
Mossâ, per broudâ quàuquore,
Un bou de ligo au de flure.
Si l'un ne prenio pâ quiau souen,
Lou proufie 'nirio virâ louen.

Qu'ei vrài que, châ daus soligàus,
Quàuquas ves trape daus gargàus.
Mâ eitobe, s'is soun surpreis
A fâ lour bote dî lous pleis,
Mous cisèus coupen en doux tros
Tan lous pitis coumo lous gros.

Lous seis iau ne sài pâ si so
De m'en tournâ sei moun fogo ;
Iau porte toujour mo chopi,
E, per fâ bulî moun toupi,
Vau dî lous bos, coumo un archer,
Quère de que fà moun brancher.

Tu risei, qu'ei sinie d'acor :
Toquo lo mo, tu n'â pâ tor.
Iau vole que tout lou cartier,
Quan n'auren 'gu dau beneitier,
Disio que tu n'â pâ perdu,
Tanbe que t'oyâ atendu.

Chansou d'un Peisan couvida à dînâ châ soun Bourjei,

Au! moussû, dî votro meijou,　　　(Bis.)
Me doune à Dy, l'y fài plo bou;　　(Bis.)
Sur tous lous plas l'envio s'eigaro
Sei sobei sur lou quàu fâ gâro.　　} Bis.

Qu'ei bien renja per ci per lài;
Mâ votre er libre me plâ mài.
L'un counei l'àubre per l'eicorço;
Châ vons l'opeti ve per forço.

Lou boun cœur fài lous vràis seniours,
Noun pâ lous beis mài las hônours.
Quis que me fan meichanto mino,
Lous respecte mà per routino.

N'y o que soun fiers coumo daus pans,
E que aurissen lous peisans.
Mâ tàu me viso trâ l'eipanlo,
Que dì lou manglie souven branlo.

Quelo jen mounten be si hàu,
Que quàuquas ves is fan lou sàu;
Au lei qu'uno persouno hôneito
Se mante maugra lo tempeito.

Mà, moussû, qu'ei prou joqueta,
Bevan, bevan à lo santa :
Fau que modamo aye l'eitreno;
Dy se si lo n'en vau lo peno.

Sei qui tan fà lou bèu discur,
　Vous solude de tout moun cœur.
Lou sente tout à hauro qu'eipingo,
Sei poudei fà jugâ mo lingo.

Moussur, v'en preje, escusâ-nous,
　Queto ve quo siro per vous :
Countâ per re quelo rosado,
E fosei cà de mo pensado.

Lou Barjer amouroũ.

Er : *Perque te planie, Titire?*

Jonètou sur lo verduro
Dermio trâ un assolei ;
De l'omour, dî soun soumei,
Lo 'vio l'er mài lo figuro.
   A l'àido de Dy,
Ah ! moun cœur, ah ! moun cœur enduro
   Lou màu lou pû vy.   (*Bis.*)

Sas jautas 'vian lo figuro
  D'une roso qu'eiponì,
  So belo boucho tronì
Lo guino lo pû moduro.
   A l'àido de Dy, etc.

So talio ei d'uno tournuro
  Que charmo au prumier momen,
  E soun pù bel ornomen
Qu'ei lo pù simplo poruro.
   A l'àido de Dy, etc.

Soun er tendre me rossuro :
  M'apràime rempli d'omour ;
  Jomài n'ài vu de coulour
Pû freicho dî lo noturo.
   A l'àido de Dy, etc.

Ah ! charmanto creaturo,
  Li credei per l'eivelià,
  Brûle quan vous soumelià
De lo flâmo lo pû puro.
   A l'àido de Dy, etc.

Iau m'en vau fâ lo gojuro
  Que votre cœur n'ei pâ prei ;
  Be n'aurài-iau de plosei,
Si qu'ei 'no châuso seguro !
    A l'àido de Dy, etc.

Bien au louen di lo couturo
  Lo se mete de fujì ;
  L'ingrato, sei s'otendrì,
Làisso soun barjer que puro.
    A l'àido de Dy, etc.

Me, sei channiâ de pousturo,
  Lo segue toujour de l'ei.
  Au be n'en mèrài d'einei,
Au lo siro mo futuro.
    A l'àido de Dy, etc.

Chansou.

Sur l'er d'uno countre-danso.

ERQUE me fosei-vous lo mino?
Ne sài pâ tan de jità lài ;
I'ài, Dy marcei, lo talio fino
Mier qu'aucun de qui tràuquo-plài.
De tous quis que v'àimen lou mài
Per lou segur n'emporte lo victôrio ;
De tous quis que v'àimen lou mài
Per lou segur n'en sài lou pài.

Lous garçous de notre vilaje
Que velien lous seis coumo nous
Quan dansen fan dau topaje ;
Iau sài lou pû lejer de tous.
Quan iau danse, mous doux tolous
Rejinguen de plusieurs monieiras.
Quan iau danse, mous doux tolous
Rejinguen de plusieurs feiçous.

Quan nous van per notras chorieiras,
Aprei 'vei luma lou brandou,
Cherchà-n'en de quis grans ousticiras
Que fosan mier : Ou, ou, ou, ou.
Si fau fà jugâ lou biliou,
Per lou segur n'emporte lo victôrio ;
Si fau fà jugâ lou biliou,
Coueije toujour moun coumponiou.

I'ài biaus, moutous, choretas,
Treis pors, ni mài un piti vedèu.
Si vous me vesiâ las feitas,
Finiole coumo un domoueisèu.
I'ài doux hobis d'un dra for bèu,
Treis chomisas toutas de boirodissas,
Treis poreis de chaussas, doux chopèus,
Ni mài de las molinas de pèu.

Chansou de Tablo.

Er : *Lou Dy d'omour*.

PER LOU MEITRE.

Qu'ei no feito bien chaumado,
Mas pèus tenden de pertout :
Si bèuren-nous plo rosado
Per lou meitre de meijou.
Moussurs, fosei-me rosou ;
Car au l'o bien meritado.
Vau rempli soun goubele :
Que so santa sio trincado !
Vau rempli soun goubele,
Au lou bèuro d'un'hole.

PER LOU VESI.

Notre vesi, que se penso
Si so forço li perme,
Vai bèure, per penitenço,
Douas ves tout de racho-pe.
Nòe, quan au n'en tâte,
N'ogue pâ quélo indolenço.
Vau rempli soun goubele ;
Qu'au lou beve en diligenço.
Vau rempli soun goubele,
Qu'au lou beve d'un'hole.

PER LOU CURE.

Quiau boun cure qu'eisomino
Mo boutelio d'un er gài,
Me forio lo griso mino
Si possavo per delài.
Au me groundoro jomài
D'ovei begu mo chopino.
Vau rempli soun goubele
De quelo liquour divino.
Vau rempli soun goubele,
Au lou bèuro d'un'hole.

PER UN MEDECI.

Vous qui, quan lo fèure mino
De pàubreis cors alteras,
Lous boniâ de medecino
Per dovan mài per detrâ,
Vous lous 'vei tô enteras
En lour ôtan lour chopino,
Remplissei lour goubele ;
Quitâ-me quelo routino.
Remplissei lour goubele,
Qu'is lous bevan d'un'hole.

PER 'N'AUTRE MEDECI.

Prenei-n'en uno racliado
Per veire si dise vrài ;
Quan vous l'aurei avolado,
Counsultà votre parpài.

Quiau restauran vau plo mài
Qu'un bro de tisano fado.
Voueidâ votre goubele ;
Fosei coumo l'ossemblado.
Voueidâ votre goubele,
Bevei-lou tout d'un'hole.

PER UN MOUSSUR.

Quiau brave home que goutilio
Jusqu'à lo fi dau repâ
Ne bèu pâ mài qu'uno filio.
Perque ne bèurio-t-èu pâ ?
Lou vi chasso l'emborà
Qu'un po 'vei dì so fomilio.
Vau remplî soun goubele ;
Que te-t-èu, demiei-rouquilio ?
Vau remplî soun goubele,
Au lou bèuro d'un'hole.

PER UNO DAMO.

Moussur que poyâ lo feito,
Jujoriâ-vous à perpàu
Que quelo modamo hôneito
Fuguesso lo tâto-suàu ?
Lou vi gorî de tout màu,
Me lo joïo dì lo teito.
Vau remplî soun goubele,
Lo bèuro que lo tempeito.
Vau remplî soun gobele,
Lo lou bèuro d'un'hole.

PER UNO DOMOURISELO.

Veiqui plo 'no jento filio :
Morjoun ! lo bèurio daus eis.
Vau poriâ que lo furmilio
D'espri jusqu'au bou daus deis.
Iau vese dî sous mireis
Un certen fe que petilio.
Vau remplî soun goubele,
Mài fujî, car lo me grilio.
Vau remplî soun goubele,
Lo lou bèuro d'un'hole.

PER UN JAUNE HOME.

Jaune home, si dî votro âmo
L'omour o luma soun fe,
Aprenei per tuâ so flâmo
Lou veritable secre :
Bevei, quo li fài deipie,
Mài lou fài channiâ de gâmo.
Voueidâ votre goubele.
Fi dau prumier que vous blâmo !
Voueidâ votre goubele,
Bevei-lou tout d'un'hole.

PER UN COUPLE.

Per celebrâ lo chodeno
Qu'o fourma quèu couple huroû,
Bevan tous à tasso pleno,
D'un cœur noble e jeneroû.

Que notreis souas per is doux
De lour bounhur sian l'eitreno !
Vau remplî lour goubele.
Lou vi chasso touto peno.
Vau remplî lour goubele,
Is lou bèuran d'un'hole.

PER UN VICARI.

Quiau vicari, qu'ei alerto,
Revelia coumo un sinsau,
Que l'ensei soû so cuberto
N'ensebeli pâ un fau,
Per fâ veire qu'au n'en vau,
M'oten lo boucho deiberto.
Vau remplî soun goubele
Sei li presentâ de perto.
Vau remplî soun goubele,
Qu'au lou beve d'un'hole.

PER UN JUJE.

Vous que, per jujâ 'no càuso,
Valei votre pesan d'or,
E dovan qui degu n'àuso
Prenei lou dre per lou tor,
Coumprenei que notre sor
Sei lou vi n'ei pâ gran chàuso.
Voueidâ votre goubele,
Sei metre lo mindro pàuso.
Voueidâ votre goubele,
Bevei-lou tout d'un'hole.

PER UN MARCHAN.

Qu'ei vrài que quiau que trofigo
Dèu sobei so proufessy,
E bien couneitre l'intrigo
De talo au talo nocy.
Mâ, per 'vei l'espri pû vy
E lou creidi que l'un brigo,
Fau voueidâ lou goubele,
Qu'ei lou secre de lo ligo.
Fau voueidâ lou goubele,
Lou bèure tout d'un'hole.

PER UNO DAMO.

Sur lou bec de quelo damo
L'un vèu voultijâ l'omour.
Jomài re ne se deitramo ;
Mâ li fau jugâ lou tour.
Trempan dî quelo liquour
So boucho touto de flâmo.
Vau rempli soun goubele ;
Bâcu n'en ri dî soun âmo.
Vau rempli soun goubele,
Lo lou bèuro d'un'hole.

PER UNO DOMOUEISELO.

Copiniâ quelo fripouno,
Qu'o l'ei fi, lou regar doû
L'eimorio mài, le miniouno,
Bèure per soun amouroû.

Mâ lo foro coumo nous ;
Nous n'esentoren persouno.
Vau rempli soun goubele
De quiau boun ju de lo touno.
Vau rempli soun goubele,
Lo lou bèuro d'un'hole.

PER UN JAUNE HOME.

Lo freichour de lo jaunesso
Vous ren gài coumo un pinsou ;
Prenei gardo à lo tristesso,
Lo vous forio be rosou.
Lo se cacho sei feiçou
Sous lous tres d'uno meitresso.
Voueidâ votre goubele,
Quo retardo lo vieiliesso.
Voueidâ votre goubele,
Bevei-lou tout d'un'hole.

PER UN PEITRE.

Vous qu'entendei l'Ecrituro
Coumo lou libre messàu,
Vous sabei qu'eilo asseguro
Que lou boun vi ren jauviàu.
Bevei, per que qu'ei entàu,
Quelo liquour touto puro ;
Voueidâ votre goubele,
V'ài be fa bouno mesuro,
Voueidâ votre goubele,
Bevei-lou tout d'un'hole.

PER UN CHIRURJEN.

Votreis boulious d'Esculapo
Soun fa per empoueisounâ ;
E vous trioumphâ soû capo
Quan vous poudei nous sannâ.
Pourtâ mo boutelio au nâ :
Qualo ôdour! Coumo lo frapo'!
Voueidâ votre goubele,
Qu'ei per quiau ju qu'un eichapo.
Voueidâ votre goubele,
Bevei-lou tout d'un'hole.

PER UN MILITARI.

Vous que sei pilier de guèro,
Tan volien coumo lou rei,
Qu'aucun ennemi sur tèro
N'o jomài vu per dorei
V'ovei be toujour coumprei
Que lou vi ren l'âmo fièro ;
Voueidâ votre goubele,
E renvouyâ-me fâ lèro.
Voueidâ votre goubele,
Bevei-lou tout d'un'hole.

PER UN AMOTOUR.

Lou glou glou de mo boutelio
Vau plo mài qu'un bèu councer.
Que ne frapo mâ l'ôrelio
Per se 'nâ perdre di l'er.

Mâ lou boun vi qu'un nous ser
Sur tous lous sans fài mervelio.
En voueidan lou goubele,
Notro forço se revelio.
Voueidâ votre goubele,
Bevei-lou tout d'un'hole.

PER UN JAUNE HOME.

Si quàuquo ve votro mìo
Vous channio per un nouvèu,
E que votro jolousìo
Vous chifoune lou cervèu,
Quiau ju deicendu dau cèu
Goriro quelo folìo.
Voueidâ votre goubele,
Nejâ lo melancolìo.
Voueidâ votre goubele,
Bevei-lou tout d'un'hole.

PER UNO DAMO.

Miniardo de lo noturo,
Lo 'vo douna per fovour
Lo franchiso lo pû puro,
De l'espri, de lo douçour ;
Mâ, per sauvâ lo freichour
Qu'un vèu sur votro figuro,
Voueidâ votre goubele,
Quiau boun ju fài que lo duro.
Voueidâ votre goubele,
Bevei-lou tout d'un'hole.

PER UNO DOMOUEISELO.

Lous cos d'eis que quelo balio
Soun tan de cos de conou;
Qu'ei qui que l'espri trobalio
Per defendre lo rosou.
Vouei! visâ quel er fripou,
Quelas grocias, quelo talio;
Vau rempli soun goubele,
M'en tirâ, valio que valio.
Vau rempli soun goubele,
Lo lou bèuro d'un'hole.

PER UN RELIJY.

Vivo lou reveren pèro
Que n'o pâ l'er refresi!
Qu'ei lou jàu dau monastèro
Per couneitre lou boun vi.
Soun visaje beneisi
N'anounço pâ lo misèro.
Vau rempli soun gonbele,
Sei cranie lo mindro guèro.
Vau rempli soun gonbele,
Au lou bèuro d'un'hole.

PER UN AVOUCA.

Vous que moutrâ l'eicoursieiro
Qu'un plediàire dèu prenei,
E sur lo lei coutumieiro
Sobei regliâ soun devei,

Voulei-vous lejî n'eiplei
Sei tan beissâ lo paupieiro ?
Voueidâ votre goubele,
Quo deibràulio lo moticiro.
Voueidâ votre goubele,
Bevei-lou tout d'un'hole.

PER UN HOME SOBEN.

Vous qu'ovei lo teito pleno
De diezenas, de zeros,
Quan vous cherchâ lo censeno
D'un calcul que mounto grô,
Mesurâ souven quiau cró
Sei nivèu mài sei chodeno.
Voueidâ votre goubele,
Vous calculorei sei peno.
Voueidâ votre goubele,
Bevei-lou tout d'un'hole.

PER UNO DOMOUEISELO.

Quo n'ei pâ 'no bogotèlo
De poudei furnî per-tout ;
Vese 'no gracio nouvèlo ;
Mous coumplimens soun au bou.
Diràl mo fraso en d'un mou ;
Tout charmo dî quelo belo.
Vau remplî soun goubele ;
Qu'ei 'no jento domouciselo.
Vau remplî soun goubele,
Lo lou bèuro d'un'hole.

PER LOU MEITRE.

Si tout hoquo vous dounavo
Per cinquanto ans de santa,
Nous toririan votro cavo ;
Jomài n'aurio prou chanta.
Mâ lou cœur s'ei countenta
D'esprimâ ce qu'au pensavo ;
Voueidâ votre goubele,
Vous ririâ si l'y tournavo.
Voueidà votre goubele,
Bevei-lou tout d'un'hole.

Chansou à mo Fenno, dî uno annado de bounas Vendenias.

ER : *Au cliar de lo luno.*

Nous van, mo Peirouno,
Bèure de quiau vi ;
Lo vendenio ei bouno,
Fau se rejauvî.
De biquâ lo couado
Me sài einuya,
E de queto annado
N'ài pâ eiluya.

L'àigo qu'avolavo
Me fosio for màu :
Moun parpài s'usavo,
Moun poû 'navo suàu.
De bèu qu'un en troulio
Dî so pàubro pèu,
Lou ventre gronoulio
Jusqu'à fâ deigrèu.

Qu'ei vrài que to gorjo
Me leissavo en pa ;
Mâ mo se te forjo
De que l'ôcupâ.
Fussâ-tu mangano,
Piei que Lucifer,
Bèurài per semmano
Notre ple luzer.

l'àuve notro Anniquo
Que ve dau bouchou :
Vài-t-en sci repliquo
Cherchâ dî l'archou.
Balio-me 'no crouto ;
Porto toun celou ;
Tu bèurâ 'no gouto,
Rinço l'eicunlou.

Mâ toun froun se rido.
Gâro lou viei trin !
Tu sei 'n'eibeitido
D'ovei dau chogrin.
Quel er me rebuto :
Qu'ei prou marmouta.
Chut !... pouen de disputo.
Fenno, à to santa.

Vèu moun san que mounto ;
Moun parpài ve chàu.
Iau mèrio de hounto
D'ètre palicàu.
Pisso, mo boutelio,
De quiau la daus vieis ;
Lou ju de lo trelio
Vau be quiau daus ceis.

Aprei me lo guèro !
Vole dau pû grô.
Viaure de misèro,
Qu'ei chobiâ soun crô.
Quan di lo vieiliesso
L'un ve rancenous,
Souven lo jaunesso
Se mouquo de nous.

Quiauqui que s'empràisso
De mossâ daus liars,
L'einoï lous làisso
Per daus bobiliars,
Que crèden victôrio,
Vesen qu'au se mer,
E se fan l'histôrio
De tout soun gouver.

Chansou.

Er : *Lo bouno avanturo o gue!*

Quan i'àime sinceremen,
   Iau parle sei peno,
I'ài tô de moun coumplimen
   Trouba lo cenceno.
Mâ, avan de m'eicoutâ,
Coumençan tous de chantâ :
Vivo Modoleno o gue !
   Vivo Modoleno !

Modoleno o l'espri gài,
   D'obor l'enchodeno.
Coumo eilo n'y auro jomài
   Douas dî lo doujeno.
L'o de l'eime, dau boun san,
Lo charmo coumo à vingt ans.
Vivo Modoleno, o gue !
   Vivo Modoleno !

Dau noumbre de sas bountas
   Mo memôrio ei pleno ;
Sous ans pàichan-t-is mountà
   Jusqu'à lo centeno.
A so feito, tour à tour,
Repetan en soun hônour :
Vivo Modoleno, o gue !
   Vivo Modoleno !

Chansou.

ER : *Gue, gue.*

A LO SOEUR S.-T-A...Y.

Preis sœurs qu'uni l'omita
An poya lour quotita.
Chacuno à soun jour de feito,
Fugue hôneito,
Gue, gue, fugue hôneito.

Sen-t-Andry, qu'ei votre tour,
Nous l'y van fâ quete jour.
En chantan ce qu'un estimo
Lo voû s'animo,
Gue, gue, lo voû s'animo.

Notre gourjorèu vài màu,
Nous fau quàuquore de chàu
Per bien fâ notro musiquo
Dî lo boutiquo,
Gue, gue, dî lo boutiquo.

N'oven 'gu mài d'un souci
Tan que v'èrâ louen d'eici ;
Mâ vous n'en poyorei l'oïo.
Vivo lo joïo !
Gue, gue, vivo lo joïo !

Nous van poyâ sei caucy
Lo rento de Sen-t-Andry.
Lo boutiquo ei lo prumieiro
De lo coufrieiro,
Gue, gue, de lo coufrieiro.

Mâ prejâ-lou bien hujan
Qu'au v'eicoute mier qu'antan ;
Que notro pàubro peitreno
   Soufle sei peno,
  Gue, gue, soufle sei peno.

Nous van v'ôfrî lou bouque ;
Vous valei bien lou perque.
Vivei hurouso e countento,
   Toujour plosento,
  Gue, gue, toujour plosento.

Votre tour dî l'Engoumeis
Ne v'eisanto pâ daus dreis.
Vous devei 'no regolado,
   Mo tan eimado,
  Gue, gue, mo tan eimado.

Chansou.

ER : *Avec lous jeus di lou vilaje*, au be er *de lo pipo de toba*.

LO SOEUR SEN-M....U

A M. F...-F......R.

JOSE, vous n'enlevâ lo palio
   Per bien doubâ lous os roumpus ;
Degu coumo vous ne trobalio :
   A votre aje, l'un n'en vèu pù.
Iau tremblavo d'ètre boueitouso ;
   Mâ touto lo jen de votre ar
Vous troben lo mo tro hurouso
   Per ètre quelo d'un vieiliar.

Lous vœus que fau per votro feito
   Parten d'un cœur fran coumo l'or ;
Que Dy counserve votro teito ;
   Per lou publi qu'ei un tresor.
Per me, me forài toujour glôrio
   De bien vantâ votre sobei,
E n'en gardorài lo memôrio
   Jusqu'anto que fermorài l'ei.

Votro grando atency m'ôblijo
   De creire que v'ovei pensa
Qu'èro votro sincero omijo,
   Per v'ètre coumo surpossa.

Mâ quàu plosei dî lo vieiliesso
   Ne devei-vous pâ ressentî,
De veire que per votro adresso
   Iau marche drecho coumo un I !

Si, per eilounjà votro vito,
   Lo mor rocourcissio mous jours,
Trouborio lo perto pitito ;
   Car vous sei d'un tro gran secours.
Vivei loun-ten, sirài countento,
   Vous sei un oubrier souvereu
Per bien couneitre lo charpento
   E las dechas dau cor humen.

Chansou.

Er : *Helá! Joneto.*

Quan i'ài chopino,
M'ei'vî qu'un diable me lutino.
   Quan i'ài chopino,
   Me mete à chantâ
   Lo chansouneto.
Quan un l'y fài fâ lo noveto,
   Lo chansouneto
   Animo un repâ.

   Ce que m'enflâmo
E rempli lous vœus de moun âmo,
   Ce que m'enflâmo,
   Qu'ei quiau charman vi ;
   Mâ i'ài lo fèure
Quan sài tout soule per lou bèure ;
   Mâ i'ài lo fèure
   Quan n'ài pâ 'n'omi.

   Lou jour quan velie,
E lo ne lorsque iau soumelie,
   Lou jour quan velie,
   Ne pense qu'au vi ;
   E moun visaje,
Quan vese l'àigo d'un rivaje,
   E moun visaje
   De suito ei pali.

Uno meitresso,
Auro que mete lo vieiliesso,
Uno meitresso
Me forio dannâ.
Filio jentilio,
Per me, de quiau vi que petilio,
Filio jentilio
N'o pâ lous opas.

De lo musiquo
Fuje lous councers, lo protiquo ;
De lo musiquo
Fuje lou sejour.
Sei lo boutelio,
Que per sous glous glous me revelio,
Sei lo boutelio
Deurmirio toujour.

De lo codanço
E daus pas lejers de lo danso,
De lo codanço
Ne fau pû de câ.
I'àime mier veire
Un beveur eichopâ soun veire ;
L'àime mier veire
Sur soun cû dansâ.

I'ài lo moroto
De fâ per lo jen de riboto,
I'ài lo moroto
De fâ daus coupleis.
E quiau delire,
Quan pode un instan lous fâ rire,
E quiau delire
Fài tous mous ploseis.

Chanson.

ER : *A lo feiçou de Barbori, moun omi.*

A LO SOEUR J.....O.

Qu'ei queto ve, mas bounas sœurs,
　Que fau chantâ Jocinto.
Deiroulian bien notreis ressors
　E secoudan l'eiquinto.
N'oven ôblida tout de boun,
Lo foridoundeno, lo foridoundoun,
　Lo danso que nous rejauvi,
　　Biribi,
　A lo feiçou de Barbori,
　　Moun omi.

ER : *Jan de Rèulo, moun omi.*

Qu'ei un plosei de bien dansâ
A l'hônour de quàucu que valio ;
　E Jocinto, per bien pensâ,
Sur n'àutras n'enlèvo lo palio.
　　L'o dau boun san,
　　L'o dau tolan,
De boun cœur lo nous n'en balio ;
　　L'o dau boun san,
　　L'o dau tolan,
E sous dehors soun charmans.

Las nuriças van d'un er gài
Moïà quelo jento meitresso.
Eilas siran à tout jomài
Per eilo plenas de tendresso.
  E, de segur,
   Per soun bounhur,
Las foran daus vœus sci cesso ;
  E, de segur,
   Per soun bounhur,
L'an lou desir lou pû pur.

Chansou.

Er nouvèu.

Quauquore choranglio defóro
 Coumo un essy màu engreissa :
Qu'ei lo mor, quelo ôro pecóro,
 Qu'o soun harnei tout frocossa. (*Bis.*)
Sirio-quo quàucu de remarquo
 Doun lo ve de toursei lou cau?
Ne sài, mâ Caroun dî so barquo
 Te l'amo deijà bien en lau.

Degu ne crèdo ni ne puro :
 Tout ei mue dî lou cantou.
Qu'ei quàuquo belo-mài tro duro
 Que làisso lo pa dî meijou.
Lo nôro crèu vilo ganiado ;
 Mâ, helâ pàubro ! tô au tar,
Lo ne siro pâ regretado
 Mài que lo defunto que par.

Qu'ei un vrài fardèu dî lo vito
 Que lou titre de belo-mài ;
Si bouno que sio so counduito,
 Soun gouver n'ogrado jomài.
Si s'eilèvo quàuquo querelo,
 Tout lou tor ei de soun coûta.
Lo bèu fâ, qu'ei 'no borutelo
 Que ne di jomài lo varta.

Fennas, counsultâ lo coucinço,
  Vivei d'acor, re n'ei si bèu.
Per entretenei lo pocinço,
  Que chacuno mete dau sèu.
Aribo toujour quàuquo criso
  Que vous bràulio sei countredi,
Quan l'embicy de lo meitriso
  Ve s'emporâ de votre espri.

Chansou.

Er : *L'omita vivo e puro.*

L'omita vivo e puro
Guido eici lous vràis ploseis ;
Qu'ei lo simplo noturo
Que charmo notreis leseis.
Lou barjer fran, l'âmo hôneito,
Aimo e ri sincèromen.
Châ nous qu'ei toujour lo feito } *Bis.*
Que châumo lo bouno jen.

Quan quàucu se morido,
Doux jauneis cœurs n'en fan qu'un
Lour chodeno ei flurido,
E lour bounhur ei coumun.
Lo noturo, à lour requeito,
Douno-t-eilo un frui nàissen,
En fomilio is fan lo feito
Que châumo lo bouno jen.

Lo filio rigourouso
Pren soun veire d'un er gài ;
Quan so boucho s'arouso,
L'omour fù di soun parpài.
Lou barjer vèu so counqueito
Sourire d'un er plosen ;
L'omour se charmâ lo feito
Que châumo lo bouno jen.

A lo vilo l'un àuvo
Lous councers lous pû plentys :
Eici chacun se làuvo
D'eimâ lous crs gàis e vys.
Sei nous tan cossâ lo teito
Per daus acors si sohens,
Venei tous rire à lo feito
Que chàumo lo bouno jen.

Chansou.

Er counogu.

A M¹⁰ D***.

NOTRE jaune seniour de tèro,
  Que troubo tout dì soun leti,
M'o di qu'à l'ilo de Cytèro
  L'un ri toujour, sei e moti ;
Lous seis au m'en fosio l'histôrio,
  Dì lo primo, aprei moun trobài ;
Veiqui, si crese mo memôrio,
  Lou trô que me plosio lou mài.

L'un y vî sei trobài, sei peno ;
  Qu'ei lou poï daus poressous ;
Lous ploseis l'y soun à centeno,
  Veiqui, lou pû miste de tous :
Las soun treis sors de propo talio,
  Qu'an lou regar lou pû grocy ;
Lous cos d'eis que chacuno balio
  Vous tràuquen d'obor jusqu'au vy.

Las dansen, seloun lour coutumo,
  Tous lous printens per s'eibandì ;
Lours pes soun lejers coumo plumo,
  Lour cor ei tan dre coumo un I :
Lour boucho ressemblo lo roso
  Que brilio sur un coule blan ;
Tan piei per queuqui que s'esposo.
  Las sàuten au cœur tout d'un lan

Lours tres, lour er e lour monieiro
   An toujour un charme nouvèu.
Lour belo cilio e lour paupieiro
   Soun negras coumo moun chopèu.
Dessû lour eipanlo poulido
   Lour glieino toumbo à gros boulious ;
Qu'ei l'inoucenço que las guido ;
   Lour sor n'en ei pâ min huroû

Las n'an pâ besouen de frisuro,
   De ribans de gaso e de far ;
Las tenen tout de lo noturo ;
   Las fujen lo finesso e l'ar :
Las ne van pâ per deivirado
   Quan las disen lour sentimen,
E quan lour poràulo ei dounado,
   Las n'an pâ besouen de sermen.

A Venû, lour mài, quan lo passo,
   Las risen de bouno sobour ;
Lour piti frài, que las menaço,
   Grilio de lour jugâ lou tour ;
Mâ lo mindro fleicho s'eineito,
   Maugra so redour, en voulan,
E las presen soun harboleito
   Coumo lou bruse d'un efan.

D***, en d'un mou coumo en milo,
   Vous sei l'uno de las treis sors,
Que sei vengudo de votro ilo
   Troumpâ l'omour sur notreis bors :
Vous sei tro jento mài tro lesto
   Per vous deiguisâ jusqu'au bou ;
Lo jen vous counceissen de resto,
   Uno Gracio charmo pertout.

Lo Vellado vilojouaso.

ER : *Iau voulio vencre.*

Nous van 'vei, quan siro ne,
  Bien de lo marmalio.
Metei lo marmito au fe,
  Etendei lo toualio :
Pière deicen lou chantèu
Per fâ jugâ lou coutèu ;
  A lour aribado,
  Lo siro tirado.

Iau t'àime mài que Francei
  Per toliâ lo soupo ;
Sous boucis soun tro eipeis,
  Souven quo m'eitoupo :
Tas lechas an meliour er,
Las bounien e jasen mier.
  En junian l'òrelio,
  Quo coulo à mervelio.

Margui, cour dî lou bucher
  Quère 'no baudado ;
Vouei ! be â-tu l'er impocher
  A lo deivirado :
Mo fo, si toun servitour
Sobio qual ci toun humour,
  Quel omour si forto
  Possorio lo porto.

Coti, tu fà lous partèus
  D'uno bèlo talio ;
Quan lous cartiers soun si bèus,
  Quo n'ei re que valio.
D'un tu n'en poudei fà doux,
Is siran pû sobourous.
    Qu'ei lou plosei meimo
    Quan n'y o de lo creimo.

Visâ lou grô Liaunetàu,
  Que ba lo campanio,
Au lei de 'vei lou cobàu
  Rempli de châtanio :
N'auren, dî lous veliodours,
'No troupo de pelodours ;
    Sochan dî lo vito
    Ce que nous proufito.

Chut,... deijâ lous pistouleis
  Peten que lo malo ;
Lous couens dau fe siran preis ;
  Quo nèvio mài jalo.
Mâ lo jaunesso ei sei souen ;
Lo ne prevèu pâ de louen.
    Lou san l'y bouliouno ;
    Jomài re l'eitouno.

Tan mài lo vèu lou bourbier,
  Tan mài lo s'y fouro,
Sei pensâ que lou danjer
  Nài be prou d'ob'houro.
Quan is siran moridas,
Is siran be prou bridas ;
    Mo lingo deivino
    Ce que me cousino.

Uno ve qu'is soun charmas
   De quàuquo meitresso,
Is ne lo quitorian pas
   Per uno princesso ;
Mà quan lous eis vesen cliar,
Lou cœur lour cedo so par.
   Qu'ei 'n'àutro figuro
   Mài 'n'àutro noturo.

Auro qu'ài prei moun bouliou,
   Deitreniei lo tàulo ;
Qu'is venian dî lo meijou,
   Per fà lo pingràulo ;
Ne lour forài pâ d'cinei,
Car iau m'en vau 'nâ josei ;
   Que notro femelo
   Fase sentinelo.

Chanson.

ER *de lo Fouro-Negro.*

Me rejauvisse dau bounhur
  Qu'ài dî quelo assemblado.
L'or rofina n'ei pâ pû pur ;
  Diriâ que Dy l'o triado.
Lou cœur porei à deicuber ;
E qu'ei qui que lou diable per.
Lauvan lo Teresou sei crento ;
L'ei toujour drôlo mài plosento.

L'ei sei lo mindro pretency,
  L'ei francho, l'ei hôneito.
Sente lou plosei lou pû vy
  De celebrâ so feito.
Quan lo jen soun de bouno fe,
Fau que lous chante maugra me :
Lauvan lo Teresou sei crento ;
L'ei toujour drôlo mài plosento.

Boun pastour, à votro berbi
  Vous devei 'no lampiado ;
Vous sobei que lo vau soun pri
  Per ètre counservado.
Nous bèuran tous dî lou momen
  A las filias de Sen-Vicen.
Lauvan lo Teresou sei crento ;
L'ei toujour drôlo mài plosento.

Chansou.

Per lo samby ! vivo un bausar
　Per 'vei l'amo sincèro !
Iau m'esprime toujour sei far,
　Tan en pa coumo en guèro.
Ah ! Marioun, votre filiau
N'o jomài possa per un fau.
Moun cœur, que vous cheri sei cesso,
Quete jour doublo so tendresso.

　Pàichan-nous, dì trento ans d'eici,
　　Fâ brundì votre feito,
　E lou cœur eizan de souci,
　　Bèure que lo tempeito !
　Nous goutoren de vràis ploseis
　Lou boun vi fài lou la daus vieis
Moun cœur, que vous cheri sei cesso,
Quete jour doublo so tendresso.

　En atenden, versâ dau dur,
　　Que lo tasso sio pleno.
　V'àutreis, bevan à soun bounhur ;
　　Car lo n'en vau lo peno.
　Oui, Marioun, me souvendrài
　De vous tout lou ten que viauràI.
Moun cœur, que vous cheri sei cesso,
Quete jour doublo so tendresso.

Chansou.

Er : *Jauvissei de votreis bèus ans.*

Nous van dansâ quete sei
Dî lo prado, dî lo prado ;
Vaque jauvî dau plosei
De l'aprei-soupado.
    Margorito,
    Tout t'invito :
    L'er s'eisujo,
    L'herbo frujo,
    Lo viauleto
    Seur lo teito
De l'herbo mouleto.

Quan te prendrài per dansâ.
Belo ingrato, belo ingrato,
Ne vâ pâ me refusâ
Ni mài fâ lo gâto.
    Sio pû vivo,
    Min crentivo ;
    Lo jaunesso
    Sei tendresso
    N'ei risento,
    Ni plosento,
Ni divertissento.

Lou romier sur quis rouveis
Rotocouno, rotocouno,
Soun cœur banio de ploseis
Prei de so pijouno.

Lo tourtoulo
Jemi soulo,
Lo s'einoyo,
Pù de joïo.
Tout soupiro,
Tout respiro
Per ce que l'atiro.

Qu'ei lo sozou de l'omour,
Margorito, Margorito,
Moutro-me quàuque retour.
E ren-me lo vito.
Ah! cruelo,
Tu sei belo,
Mà tro fièro.
To coulèro
Me chogrino.
Bouei, mutino,
Fài-me bouno mino.

Boun! t'â l'er tout eiveri,
Mo bruneto, mo bruneto.
Vise lou jour que t'â ri
Coumo un jour de feito.
Quelo mino
Me lutino :
L'ei charmanto
Lo meichanto.
Tout m'assuro,
Mo futuro,
Channie de noturo.

Las Vinias jolodas.

Er : *Deniá m'eiparniá lou resto.*

Oriboteurs, reveliâ–vous :
Helâ lo cruèlo journado !
N'y o-quo re de pû molhuroû?
Ventre-bleu ! lo vinio ei jolado.
Maudi siâ-tu, seje de mài !
Au diable sio lo luno rousso !
Dau molhur nous soun soû lou fài.
Lou vinieirou per soun trobài :
Au n'espero pâ sur d'àutro pousso. *(Bis.)*

Lou soulei, que vivifio tout,
Ve de coumblâ notro misèro.
Dau bouei tourtu, branchó e bourjou,
Toumben grilas dessur lo tèro.
Tout semblo countre nous arma :
Bâcû tout-à'houro nous ôblido ;
Luno, soulei, ven e frimas,
Acoporeurs deichodenas,
Nous dounoran bientô lo pepido.

Oh ! ce que nous crebo lou cœur
E qu'ei per nous piei que jolado,
Qu'ei de veire l'acoporeur
S'ebandî sur quelo journado.
Au jauvi de notre aflicy,

Sur soun bide au pren lo courso ;
Au vài dî lou Bâ-Limousi,
En Perigor, aran lou vi,
Entrovâ notro soulo ressourço.

Bâcû, vou-tu que lous buveurs
Sian reduis à bèure à lo quouado,
Penden que lous acoporeurs
A Plutû balien lour aubado ?
Venjo tous autars, venjo-nous,
Eicouto au min notro prejeiro ;
Plaço dî de nouvèus bourjous
Tout lou vi qu'ei dî lours covous,
E nejo-lous tous dî lo rivieiro.

Ei vrài que nous van bien potî
Si nous fau metre à lo tisano.
Lous treis quars de nous van perî
Ah ! deijâ notre tein se fano.
Mà Bâcû ei tro eiveri
Per risquà autars e puissanço.
Au foro, dî notre poï,
Toumbâ de tout coûta lou vi.
Trinquan e bevan dî l'esperanço.

Tàu que sio per ane l'eico,
Engojan-nous à quelo tablo ;
Bevan à tiro-lo-ligo
De quelo liquour delectablo.
Chantan bien bàu, chantan Bàcû,
E, per li fâ deibrî l'ôrelias,
Redoublan notreis ôremus,
Mà si au ve nous virâ lou cû,
Mèran en beijan las boutelias.

Nou, nou, vivan per propojâ
Lo coufriero de lo riboto ;
Bevan, quan nous faudrio engojâ
Tout jusqu'anto à notro culoto.
N'ei pâ di que sur notreis pas
Lou molhur sio en permonanço.
Si tàu que ve nous rançounâ
Poudio bien s'y cossâ lou nâ,
Quàu plosei de bèure en so soufranço.

Anen, omis, bevan tout ple,
N'oven 'gu 'no bouno nouvelo ;
Fosan tintâ lou goubele,
Nargan l'encovèuso sequelo.
Notreis vesis ne manquen pâ
De quiau viei ju que rovigoto,
Lours viniobleis soun en cita,
Lou fre n'y o pâ fa de dega :
Nous pouren enguerâ fâ riboto.

L'Hurouso Jardinieiro.

ER : *Ah! vous n'en venei.*

Iau sài 'n'hurouso jardinieiro,
E crese be qu'hor d'aciden
Iau possoràì mo vito entieiro
  Lou cœur joyoû, l'espri counten ;
  Dì Jocou i'ài trouba 'n'omi
    Si chàu, si pouli,
    Serviable, eiveri ;
Iau lou vese per me chaque jour
    Uflà soun omour.

Au s'enten forço au jardinaje,
Sur l'aubrezo au se empèutà.
Quan au iau fài, làuve l'oubraje,
E me plase à lou segoundâ.
Quan à lo quilio au vài plantâ,
    Sei jomài liniâ,
    Au se lo couniâ.
Lou courdèu ne li ser de re,
    Au vài toujour dre.

Re ne se per de ce qu'au planto ;
  Tout pousso e douno daus jitous.
Dì l'hiver quan au fài uno anto,
  L'eicussou pousso daus boutous.
  Dì l'oleo tout ei raclia,
    Toujour eicerba,
    Si be ratissa !

l'àime à lou veire en soun ratèu
Dì quiau sendorèu.

Fau veire coumo au se deimeno
Quan l'envio li pren de bessâ ;
De lo tèro au fen lo coudeno
Au semblo ne pâ se lossâ.
Sur so palo au o lou brâ loun,
Viro lou gazoun,
Entro jusqu'au foun.
Per fâ quo dì notre cartier
N'y o pâ soun porier.

Quan lou vese branlâ lo poumpo,
Lo se me pren, coure au boute ;
l'ài toujour pau que lo ne roumpo,
Tan au l'y vài de bouno fe.
Lou pistoun pousso avec eifor,
L'àigo mounto au cor,
A ple tudèu sor.
En cinq au chie cos de coude,
Notre bac ei ple.

Au àimo forço mo persouno ;
Iau me sài eitochado à se.
Troube mo fourtuno prou bouno :
Iau ne vole pâ d'àutre be.
Lou plosei me chotinlio cici ;
Dau sei au moti
Vive sei souci.
Quante lou cœur ei bien counten,
Un o prou d'arjen.

Chansou.

ER : *L'omita vivo e puro.*

Moun cœur per mo barjeiro
Sen toujour un fe nouvèu ;
Lo n'ei pà meisunjeiro,
Lo me deicrèubo lou sèu ;
Per quelo pàubro pitito
Iau boliorio tous mous beis ;
Per bien jauvî de lo vito,
De tout iau fau mous ploseis. } *Bis.*

Lous seis, à lo veliado
Quan me rende lou dernier,
Per traucâ l'assemblado
Ne trobe pâ moun porier.
D'obor mo jauno Maguito
Me paro un daus toboureis.
Per bien jauvî de lo feito,
De tout iau fau mous ploseis.

Tan qu'is juguen lo moucho,
Lo poulo aube lou berlan,
l'aprene de so boucho
Que sài soun tendre golan ;
Quan nous n'en van lo me jito,
Tout en risen daus cos d'eis...
Per bien jauvî de lo vito,
De tout iau fau mous ploseis.

Quan deipei l'eicliarsieiro
Ne quite pà lou trobài,
M'eivi que mo barjeiro
Me viso trâ quàuque plài.
Quiau souvenir ressuscito
  Moun cœur jusqu'au bou daus deis.
Per bien jauvî de lo vito,
  De tout iau fau mous ploseis.

Quan beve mo chopino,
Qu'ei toujour à so santa ;
Car degu ne devino
Lou for de moun omita ;
Soun noum au trobài m'escito,
  Me charmo di mous leseis.
Per bien jauvî de lo vito
  De tout iau fau mous ploseis.

Per hoquo mo meitresso
Ne me fài pà ôblidâ
De soludâ l'hôtesso
Châ qui nous soun couvidas ;
Sabe ce que lo merito,
  Iau beve à ras goubeleis.
Per bien jauvî de lo vito,
  De tout iau fau mous ploseis.

Chansou.

Er : *O te que nous.*

Morioto, veiqui l'eicliarsiciro,
Lous jàus lo chanten tour-à-tour ;
Tu ne sei jomài motinieiro
Per veire lo pouento dau jour :
Vei lo Jonou
Qu'ei ver lou pou,
Sas châtenias soun à lo cromolieiro ;
Vei lo Jonou
qu'ei ver lou pou,
Lo deijà fa tout soun trin de meijou.

Touto filio qu'ei poressouso
Ne dèurio pâ 'vei de golan ;
Lou pàubre einoï que l'eipouso
Po dire qu'au cour à soun dan.
Quelo bèuta
Qu'ovio flota
Prei dau trobài vài toujour molaudouso ;
Quelo bèuta
Qu'ovio flota
Lo boliorià per ce que lo coûta.

Vivo lou ten de mo jaunesso ;
Qu'eipingavo coumo un lopin ;
Iau troboliavo sei poresso,
Tan defôro coumo dedin.
Notreis garçous
Me disian tous

Qu'is me voulian chôsi per lour meitressso ;
        Notreis garçous
        Me disian tous
Que s'is m'ovian, is sirian prou hurous.

  N'èrio pâ per boquo si folo
    Coumo n'en vese de moun ten ;
Ni jomài ne fosio lo molo
    Per coressas ni per presens
        l'eimavo mài
        'Vei moun trobài
E moun hônour que de possà per drolo ;
        l'àimavo mài
        'Vei moun trobài
Que lo bèuta que nous quito e s'en vài.

  Vài ninà lou piti que puro,
    Tan que te lumorài toun fe ;
Iau crese, pàubro creoturo,
    Que dau jour tu forià lo ne.
        Quan fau dansâ,
        L'un ne vèu pâ
Que lou dermî te bresse lo figuro ;
        Quan fau dansâ,
        L'un ne vèu pà
Que lou soumei te fase bolançâ.

Chansou.

En *dau Menuc-Coungo*.

Votreis sei châ de bravo jen,
    Proufitâ doun bien à lour eicolo.
Iau voudrio, per bien de l'arjen,
Sobei coumo vous lou rudimen.
    Iau vendrio juje de bour,
Mài belèu pourio pourtâ l'eitolo ;
    Iau vendrio juje de bour,
Mài d'enguèro un avouca de cour.

    Mâ, moussurs, quo n'ei pâ lou tout,
Iau sente moun mouli que s'empâto.
    Fosei-me tirâ moun pintou,
Lou bèurài, si qu'ei de votre goû.
    Fosan petâ so santa ;
Qu'ei tout à 'houro ce que mài nous flato ;
    Fosan petâ so santa,
L'an plo prou fa qui tenei plantâ.

Chansou.

Er : *Quan Biroun vougue dansà*.

A LO SOEUR S.-PRIEI.

Queto ve qu'ei votre tour ;
Nous van chantâ quete jour :
Vivo notro sœur douyèno !
Qu'ei so feito que nous mèno.
  Re ne po nous tenei,
  Tan n'oven de plosei.

Quan un danso per quàucu
Que charmo per so vertu,
Pù lejer que peiro pounço,
Lou cor ne peso pâ 'n'ounço.
  Re ne po nous tenei,
  Tan n'oven de plosei.

Votre visaje risen
Nous fài dansâ gaïomen.
Mas sœurs, qu'ei de quo que piàulo,
Dansan, fosan lo pingràulo.
  Re ne po nous tenei,
  Tan n'oven de plosei.

Toutas per votre bounhur
Formen lou vœu lou pù pur.
Pàichei-vous, sei màu, sei peno,
Sauvâ loun-ten lo coudeno !
  Re ne po nous tenei,
  Tan n'oven de plosei.

Que seu Priei, votre potrou,
Defôro mài dî meijou
Vous prenie soù so tutelo,
Omijo chàro e fidelo !
    Re ne po nous tenei,
    Tan n'oven de plosei.

Notras flours soun l'ôbesi,
Flôro fù lou Limousi ;
Mà notre cœur vous courouno,
Vous sei si jento e si bouno !
    Re ne po nous tenei,
    Tan n'oven de plosei.

Nous nous charmen de moyâ
Quelo que vau bien poyà.
Votro redevanço porto
Uno fricàudo ridorto :
    Que lous ardilious
    Sian daus pù sobourous.

Chansou.

ER : *Nous àutreis bous vilojàus.*

V'ovei, per troumpâ l'espioun,
Cocha lou jour de votro feito ;
Fau que v'oyâ, tout de boun,
L'humilita d'uno meneito.
Moun cœur èro pertan jolou
De v'esprimâ sous vœus per vous ;
I'ài fuma tan que v'ovei ri,
Mà lo feito n'o pâ prescri.

Votre potrou, dì soun ten,
Chantavo lo feito e l'octavo.
I'ài cregu, dì quiau momen,
Que forio bien si l'imitavo.
Iau voudrio chantâ soun filiau ;
Mà m'y pecoràï, n'ài bien pau ;
Lou boun sen n'en siro daus fres
Au folio *stare cantores.*

Vous n'aurei pâ de chanteur,
Mà v'aurei 'no simplo chanteuso,
Que vous respeto de cœur,
Qu'ei simplo, sei être floteuso.
Vous sei, coumo votre potrou,
Dau seniour un boun vinieirou.
Pàichei-vous troboliâ loun-ten
Sei màu, sei penas, sei turmen.

Chansou.

En de lo pipo de toba.

J'eima votre be de campanio ;
　Chaque ausèu troubo soun ni bèu ;
Per me, de joïo moun cœur banio,
　Quan me vese di lou Rousèu.　　　*(Bis.)*
Re pû dau debor ne me tento ;
　Quel endre me plà mài que tous,
E jomài ne sài pù countento
　Que quan iau l'y sài coumo vous.　*(Bis.)*

Per bien deicrossâ mo peitreno
　N'aurài pas besouen de douas màis ;
Iau vous causorio tro de peno,
　Tro d'emborâ, tro de trobài.
Coumo v'àutreis iau sài tranquilo ;
　Perde de vudo tous mous màus :
Countentomen chasso lo bilo ;
　Mài quiau proverbe n'ei pâ fàu.

Que lou boun Dy, que tout gouverno,
　Fase durà votreis momens,
Car vous sei tout coumo lo perno
　De mous omis, de mous porens.
Si d'uno sœur hospitolieiro
　Iau n'ovio pâ lo vococy,
Iau possorio mo vito enticiro
　Prei de vous per inclinocy.

Chansou.

En *de lo Foure-Negro.*

N'AUTRAS que soun sei pretency,
   Nous semblen lo viauleto,
Que, per evitâ l'ei cury,
   Se cacho sous l'herbeto.
Lo n'ei pâ min *(bis)* pleno d'opas.
Eh! pàubro, nous n'en oven pâ!
Mâ, Jan, dî notre cœur *(bis)* tout piàulo.
Au di mier *(bis)* que notro poràulo. *(Bis.)*

Nous ne couneissen ni francei,
   Ni flours de retoriquo;
L'un n'enten mâ parlâ potouei
   Las sœurs de lo boutiquo.
Nous soun eici, dî lous discours,
Simplas coumo èran lous pastours;
Mâ, Jan, dî notre cœur tout piàulo.
Au di mier que notro poràulo.

Nous mayen un boun medeci
   Per gorî lo councinço,
E nous feiten un boun omi,
   Qu'ei tout ple de pocinço.
N'aurian degu, per quiau momen,
Limâ lou pù bèu coumplimen;
Mâ, Jan, dî notre cœur tout piàulo.
Au di mier que notro poràulo.

Chansou.

Er *de lo Foure-Negro.*

Preis sœurs que v'àimen tendromen,
  Bouno e dinio Marcelo,
Venen vous fâ lour coumplimen
  D'uno omita fidelo.
Lour cœur ei fran (*bis*) coumo un duca,
Ni mài counstan e delica.
Helâ! per fâ brundi (*bis*) lo feito,
Voudrio 'vei (*bis*) lo voû lo pû neito.   (*Bis.*)

Marcelo, chacuno de nous
  Vous cheri, vous respeto.
Tout en disen dau be de vous
  Notre cœur se deleto.
Nous l'y troben tant de sobour
Que qu'aribo cent ves dau jour.
Helâ! per fâ brundi lo feito,
Voudrio 'vei lo voû lo pû neito.

Ah! vous fuguesso-t-èu permei
  De fouliâ dî notro âmo.
Vous lo veiriâ, châ toutas treis,
  Per vous pleno de flâmo.
Lo se mante toujour entàu.
Ah! mèro, qu'ei d'hoquo fricàu!
Helâ! per fâ brundi lo feito,
Voudrio 'vei lo voû lo pû neito.

N'oven trouba, maugra l'hiver,
　　Quàuquo flour eiparniado;
Mâ nous vous mayen bèuco mier
　　De cœur e de pensado.
Notro omitâ fluri toujour,
　　Sei se ternî coumo lo flour.
Helâ! per fâ brundî lo feito,
Voudrio 'vei lo voû lo pù neito.

Chansou.

En *dau piti mou per rire.*

Ah ! planie lou pàubre Panchei,
Que ne se pâ parlâ francei,
Pâ mài qu'uno boboïo.
Si faut-èu plo qu'aye moun tour,
Per poudei dire quete jour
    Lou piti mou,
    Lou brave mou,
Lou piti mou de joïo.

Vivei tan coumo Chotoune
A qui lo mousso crubigue
    Lou partu de l'ôrelio.
Coumo lou vi chasso lou màu,
Deibouyan, queto Sen-Marçàu,
    De quiau boun ju,
    De quiau boun ju,
De quiau ju de lo trelio.

Pàichei-vous, toujour en santa,
Veire toujour votro meita
    Bien fricàudo e bien leno !
Las màis n'an pâ souven poungu
De filias qu'ayan mài vagu :
    A lour bounhur,
    A lour bounhur,
Bevan à tasso pleno.

A forço que sài rejauvi,
Moun cœur sàuto coumo un chobri,
   E moun vi n'en petilio.
Ah! bevan tous, dì quiau momen,
De quiau boun òli de sarmen,
      A lo santa,
      A lo santa
   De touto lo fomilio.

Chansou.

En : *Moun pài èro po.*

Iau voudrio bien prou countentâ
Touto quelo assemblado ;
Mâ iau ne sabe pâ chantâ ;
D'aliour, sài enrumado.
   Mâ, si quo vous plâ,
   Per vous countentâ,
Au n'y o re que n'abounde,
   Tan i'ài dau plosei
   D'ètre quete sei
Coumo de brave mounde.

D'être coumo de bravo jen
Me charme, me rovise ;
D'auvì parlâ hôneitomen,
Qu'ei qui tout moun délice.
   Mâ de v'ôblijâ
   Iau voudrio troubâ
L'ôcosy, vous proumete ;
   Car m'engojorio
   De ce que pourio
Per un quàucu d'hôneite.

Per eimâ, rire e bodinà
Au n'y o pâ mo semblablo ;
Mâ iau n'àime pâ me jeinà,
Sur-tout quan sài à tablo.
   De lo liberta
   I'àime lo bèuta ;
I'aïsso lo countrento.
   Dire cliaromen
   Tout moun pensomen,
Qu'ei ce que me countento.

PEÇAS DIVERSAS.

Eipigromas.

Un medeci domandavo à lo gardo
 D'un molàude qu'èro for eichaufa :
Vài-quo, Susoun ? Tre-bien, reipoun lo goguenardo,
 Mài soun ventre s'ei deipoufa.
— Visan doun coumo qu'ei. Lo porto ver so boucho :
 Qu'ei boun, di-t-èu, quo vau die milo frans.
 Si moun molàude se deiboucho,
  Si Dy plà, nous lou goriran.
 Per me ne sài pâ lechodieiro,
  Repar-lo, vous balie mo par :
 Sài d'enguèro min usurieiro,
  Vous cède lou tout per un liar.

Me sài brisado lo cervelo !
S'ecrede lo Jonou que venio de toumbâ.
Soun home li reipoun : Tan mier ! bouno nouvelo !
 Cresio que tu n'en oviâ pà.

J'EIMORIO tan ètre vicari,
Disio 'no filio à so meitresso,
Vous credâ toujour, ari, ari ;
Trote châ vous coumo uno anesso.
— Vicari? quàu molhur ! — Sio be : mo coundicy
Domando que vous sio soumeso.
Vous podei coumandâ, groundâ dì l'ôcosy,
Sei qu'aye lo mindro represo.
Mâ qu'ei be piei quan un cure
Viso quiau que lou represento
Coumo si qu'èro soun baude.
Lo coundicy n'ei pâ plosento.

Reflecys.

Iau quitei lous Pelàus, pàubre moleficia,
E foguei di lo Reglio un ôre novicia.
Is me fan deilujâ. Troube 'no bouno plaço.
En venden dau leti, moun interdi se passo.
Un demoun enroja, per fâ mo professy,
Me renvouye bientô à lo Visitocy.
Lo liberta per me ne 'navo mâ d'uno ancho :
Lo me risio souven ; mâ lo n'èro pâ francho.
Lo nocy me deibrido e làisso lou liocau ;
Soun fouei leva sur me, lo me fài toujour pau.
Lo ne m'ôblide pâ quan iau fuguei defôro ;
Lo me borei treis meis di mo propo demôro.
Lou boun Dy m'o permei de supourtâ lou fài,
Tout infirme que sài, pû jauviàu que jomài.
Aprei 'vei coumerça cinq ans sur lo grammèro,
l'ài channia de boutiquo e coumerce d'enguèro.
Maugra tout moun trobài, moun peliou se counfoun,
Las grifas dau molhur l'an chova jusqu'au foun.
Ne pode deijâ pû coure lo picoureo ;
A moun cor cussouna lo mor fài lo pipeo :
Iau lo vese qu'aprocho armado de soun dar,
E me môtro las dens dessoû soun nâ comar.

Prêtre insermenté, l'auteur fut persécuté dans la révolution. Enfermé dans les maisons de détention de la Visitation et de la Règle, il y composa cette pièce.

Coumplimen

A MOUSSUR RICHARD, FRAI DE L'AUTOUR *.

Que Dy sio cen ! iau sài doun ariba ;
Moun archo, sài presque creba.
Coumo quelo jaunesso troto !
Mài lous violouns, mài lo barboto,
Coumo quo brun ! — Drôle, pren quiau ponier,
Porto-lou dî lou poulolier.
— Fuguessan-t-îs meliours, quan dèurio poyâ pinto !
Vài, sei me fâ tirâ l'eiquinto,
Lo te poyorio de boun cœur.
Moussur, sài votre serviteur.
Touto quelo jauno meinado
Soun vengus queto motinado,
Me dire : sabei-tu, Jantou,
Que qu'ei ane lo feito dau potrou ?
De quèu-d'oqui que nous deimôtro ?
Pardin-trâ mousssur, sài lo vôtro.
Lour ài di : que fosei-vous qui ?
Courei li fâ poyâ dau vi
Pourtâ-li lou bouque, fosei brundî so feito.
Ventro ! qu'ei 'no persouno hôneito,
Per qui me fendrio per mitan.
Helà ! si qu'èro coumo antan,
Moun presen n'en vaudrio lo peno.
Notro ponieiro èro rà pleno

* Ce compliment fut prononcé le jour de la fête de M. Richard, frère de l'auteur, professeur à Eymoutiers, par un écolier vêtu en paysan, portant deux poulets. Il était précédé par deux musiciens et suivi des élèves du collége.

De bous froumageis retournas,
Que v'aurian embauma lou nâ.
Mâ per molhur à queto annado
Nous n'oven pâ fa de burado ;
Notras vochas n'an pâ de la.
Teito d'un ! n'en sài desoula.
Mâ pourtorài, valio que valio,
Douas bounas peças de voulalio,
Quis doux pouleis dau mei d'obri,
Qu'ài toujour nuris de blody.
N'ài pâ 'gu lâcha lo poràulo
Qu'en sautan, fosan lo pingràulo :
Se-nous, m'an-t-is creda. — Sambouei, si vous segrài !
Mài sabe ce que li diràí :
« Moussur, en un mou coumo en milo,
» I'ài lou cor fa coumo à lo vilo,
  » Tanbe que ne sio qu'un peisan :
  » Lou porte-iau pâ, sio disan,
  » Coumo quis moussurs opulans,
» Que se quaren, uflen lour panso,
» D'ovei tout l'eime de lo Franço ?
  » Mâ qu'ei un perpàu routinier ;
  » Nous soun fas dau meimo mourtier.
» De bèus mous de francei qu'is limen à lour guiso,
  » De grans solus ; mâ de franchiso,
    » Qu'ei, Dy marcei, tropâ-li vous,
    » Vous toumborei sur daus boueissous.
  » I'au sài fran coumo 'n'arboleito :
  » Ne jite pâ l'àigo beneito
    Coumo lo jito un gran seniour
    » A tous quis que li fan lo cour ;
  » Mâ vau dre coumo 'no guliado.
  » Mo fe, votro feito ei chaumado
    » Coumo au fau dì tous notreis cœurs

» Toundus sian-nous si nous soun daus menteurs!
» Mâ qu'is moussurs m'an parla d'uno chàuso ;
« Iau n'àuse pâ ;.... mâ meur de fam qui n'àuso...
» En un mou, lou veiqui, bôlià-lour quàuqueis seis
» Per mountà sur notreis sirieis.
« Touquâ lo mo sàu votre hônour. »
Eh be! pitis, troubâ-n'en un meliour.

Inscricy per un Cementèry.

Possan, lou sor eici nous boueiro sei nous triâ :
  Lou pàubre coumo lou poueissan.
 Tu sei viven, ne t'en quarâ pâ tan ;
Per purî coumo nous à toun tour tu vendrâ.
Belèu, lo mor te gàito, e tu n'y pensâ pâ.

Reflecy de l'Autour.

Per me, m'ei 'vî deijâ veire chobiâ moun crô
Per li metre bouniâ e mo char e mous os.
  I'atende que lou corbiliar
  Vene chariâ Francei Richar.

POESIAS SOCRODAS.

Nodàu sur lo neissenço de Jeisu-Cri,

TRODUCY LIBRO DAU TOULOUSEN.

Quau bru dedin lou cèu !
Re de tan bèu.
Qualo musiquo !
Quitan notreis troupèus,
Junian-nous aus anjeis ;
A lours divins councers que tout se rejauvisso.
Lou Dy tan atendu,
Tan atendu,
Tan atendu,
Ve per notre solu
Tan atendu,
Ve per notre solu.

Environ mieijo-ne,
Sei fe ni le,
Di uno citable
Ei nâcu pàubromen d'uno Vierjo jozen.
L'eice de soun omour
L'o rendu miserable,
Anen, sei pù tardà,
Sei pù tardà,

Sei pû tardâ,
Tretous per l'adorâ,
Sei pû tardà,
Tretous per l'adorâ.

Lou fî de l'Eternel
Quito lou cèu,
Ve dì lo cràicho
Cherchâ lou pechodour,
Li pourtâ soun pardou.
Admirà soun omour, que sei parlâ nous pràicho.
Anen, sei pû tardâ, etc.

Dì soun humilita
Qualo bèuta !
Qu'ei adorable.
L'eita dau pechòdour
Fài touto so doulour.
Tout inoucen qu'au ei, au payo per coupable.
Anen, sei pû tardâ, etc.

Regardo soun eita :
Au fài pieita.
Qualo misèro !
Ah ! qu'ouei per toun pecha
Qu'au ei dì lo pàubreta ;
Ah ! qu'ouei à tas possys qu'au ve per fà lo guèro.
Anen, sei pû tardà, etc.

Recouneisse moun tor ;
Ah ! que moun sor
Ei deplorable
D'ovei tan obusa
De votro chorita !
Oh ! per me rendre huroû vous sei dì l'esclovaje !
Anen, sei pû tardà, etc.

Moun Dy, tout pieito doueis,
A doux jonoueis
Iau vous adore
Sài un gran pechodour :
Oyâ pieita de nous :
De tan d'iniquitas de regre iau me mère :
Ah ! perqu'ài-iau pecha ?
Ai-iau pecha ?
Ai-iau pecha
Countre un Dy tout bounta ?
Ai-iau pecha
Countre un Dy tout bounta ?

Vous sei moun creatour,
Moun redemtour,
Moun pài tout tendre ;
Iau sài un criminel,
Lou fì lou pû cruel.
A votreis sens desirs enfi vole me rendre ;
Channiâ, channiâ moun cor,
Channiâ moun cor,
Channiâ moun cor,
Vous sirei moun tresor ;
Channiâ moun cor,
Vous sirei moun tresor.

Counfu, deisespera,
Lou cor brisa,
M'aneantisse :
Lou pecha vous deplài,
N'y tournorài pà mài.
Pùtò que d'y tournâ, sufrî milo supliccis.
Pardou, moun Dy, pardou,
Moun Dy, pardou,

Moun Dy, pardou,
Au pàubro pechodour ;
Moun Dy pardou,
Au pàubre pechodour.

Nodàu.

Barjers, vous mouquâ-vous de Dy
E de lo sento proucessy ?
N'ovei-vous pâ auvi l'aubado
Qu'uno Vierjo s'ei acouchado ?
Vouei ! perque tardâ-v'àutreis tan
A 'nâ veire quiau bel efan ?

Aussitô que lou jour porei,
Is prenen lours pitis mireis,
Se debarbien jusquo las silias,
Jiten lài lours vieilias guenilias ;
Is sorten en lours hobis niaus,
Revelias coumo daus sinsaus.

Is s'assemblen coumo eitournèus,
Parlen, visen de lours debèus
De lours fennas, de lours meinajeis.
De las filias de lours vilajeis,
Daus chopèus gris, daus retroussas,
Daus garçous lous mier linchaussas.

Que fan quis droleis coumponious
Per n'ovei pâ lous pes fouious ?
Is prenen de grandas boutinas,
Que mounten treissio lours molinas,

En d'un fissou dorei lou pe
Per fâ troutinià lour bide.

Lous àutreis venen per dorei
En de bous batous d'ogrofei.
Is disen mài fan, fringo, fringo ;
Per n'àutreis 'ven moulia lo lingo.
Nous soun daus droleis revelias,
Que n'an jomài lous pes moulias.

Lo coumponio pren lou rejen
Per fâ quiau prumier coumplimen.
L'un po dire sei foribolo
Que n'y o pâ meitre d'eicolo
Que li pràitesso lou coule
Per fâ quiau co de pistoule.

Admiran quiau piti soulei,
Las larmas lour toumben daus eis.
Touto lo coumponio se charmo,
Embrassen, bàijen quiau pàubro armo
E chacun dau fin foun dau cœur
Li fan trè-humble serviteur.

Nodàu.

Pastours, à bèus quatre sàr
Courei veire Nodàu ;
Vous n'en veirei dî uno eitable
Un Dy efan que mer de fre ;
Au n'o pâ soulomen de fe
Per li metre sous se.

Vous veirei soun pài, so mài,
  Que soun en gran eimài,
Tremblen coumo lo felio en l'àubre ;
  Is n'an ni brocho, ni sarmen ;
  Is n'an pâ de po soulomen
    Per metre sous las dens.

  Is ne saben ente onâ,
    Ni quàu vesi sounâ.
Ente bolioran-is de lo teito ?
  Is vesen pertout dau danjer ;
  Is n'an pâ lou pû piti denier.
    Pourtâ-lour-n'en, barjers !

  Veiqui venî à chovàus
    De braveis Limoujàus,
Charjas de bure, de froumaje,
  De po, de vi, d'un onièu gras,
  E l'efan lour fài de las mas
    Sinne d'onâ soupâ.

  Sitô qu'is an tâta d'au vi,
    Is parlen de Davi,
E lou pû soben de lo troupo
  Lour ve dire que quel efan
  Ei vengu d'un rei si poueissan,
    E nâcu de soun san.

  Is counten quiau brave tour
    Que Davi fogue un jour :
Golia, quiau gran persounaje,
  Li disse : Piti marmouze,
  Te forài, en moun piti de,
    Virà coumo un bruze.

En toun bâtou, piti fau,
  Cresei-tu me fâ pau?
Si vau prenei mo pertusano,
  Lo te metrài trover lou cor,
  E, aprei que tu sirà mor,
    Te jitorài aus pors.

  Aube, en moun coutelar,
    T'âchorài coumo un lar ;
Te forài voustiâ dì las nibleis,
  Te forài minjâ aus ausèus :
  Is t'auran à pitis mourcèus,
    Pàubre piti rousèu.

  Davi li di : Filistin,
    Te cranie pâ un pin ;
Ne cranie pâ mài toun eipeo
  Que l'àigo que cour per lou ry;
  Mouyenan l'àido de moun Dy,
    T'aurài mor au vy.

  Visâ quiau piti efan,
    Se disse lou gean.
Iau te metrài tout en poussieiro,
  Que jomài che n'en joporo.
  Lou prumier ven que foro
    D'obor t'empourtoro.

  Davi li di : Per mo fe,
    Tu perdrà toun coque.
Iau forài minjâ to cervelo
  A notreis chas, à notreis cheis :
  Las fennas prendran lou plosci
    De te rochà lous eis.

Davi pren, sei pù tardâ,
 Treis peiras dî sas mas.
Au n'en me uno dî so froundo,
 Au li fài fâ treis quatre rouns,
 Li rifle per lou miei dau froun,
 L'eitende de soun loun.

M'armo ! qui fugue monia ,
 Quo fugue Golia.
Davi l'y cour, li pren soun sabre,
 Li coupo lou cau sur-lou-chan.
 Las fennas l'y van en dansan,
 En fringan, en sautan.

D'àutreis, qu'èran daus couquis,
 Dissèren que Davi
N'èro mâ rei de lo Judeo :
 Mâ quiau-d'oqui ei notre Dy ;
 Fosan-li milo soumissys
 E milo adorocys.

Mâ auro qu'ouei prou parla.
 L'efan ei tout jola ;
Soun pài li lumo un pàu de palio ;
 So mài li chàufo un bourossou.
 Lo li di : Moun omi, chou, chou,
 Nous lous metren dejous.

Aprei soupâ lous pastours
 L'adoren tour-à-tour.
Lous uns li van fà lo coulado,
 E li disen, tout en puran :
 A Dy sià, pàubre boun efan;
 Fosei-vous vite gran.

En risen un pàubre viei
Li porte un reibeinei.
Au li ri, au li souno,
Lou coresso e fài lou fau ;
Au li fài minou, minou, miàu,
En ninan soun berçàu.

Avan de nous n'en onâ,
Au li fau tout dounâ.
Gran Dy, nous v'ôfren cor e armo,
Tèras, meijous, troupèus e beis,
Nous n'en van, Dy daus ploseis,
Counten coumo daus reis.

Nodàu.

BARJERS, lou pû bèu jour nous ve,
  N'en vese l'eicliarsieiro.
Tan be que ne sio pà miei-ne,
Seloun le pousinieiro,
Lou Levan presento à moun ei
'No lumieiro si belo,
Que crese que nous van sobei
Quàuquo hurouso nouvelo.

Lous profetas nous 'vian plo di
Que n'aurian un Messìo
Que forio dau serpen màudi
Areità lo furìo.
Ah ! si qu'èro quiau doû momen !
Quàu bounhur sur lo tèro!
Nous veirian chobâ prountomen
Touto notro misèro.

Sei barjinià reveliâ-vous :
   Qualo belo musiquo !
Preitâ votro ôrelio à lo voû
   De lo troupo anjeliquo.
Is chanten lo divinita
   Mài so touto-puissanço ;
L'Eiternel, ple de chorita,
   Coumblo notro esperanço.

Braveis barjers, prenei dau cœur,
   E partan tout de suito.
Au ve de nous nàitre un Sauveur
   Que nous balio lo vito.
Per 'nâ fâ notro devoucy,
   Possan per l'eicoursieiro.
Au vau que notro adorocy
   Sio lo belo prumieiro.

Veiqui doun quiau pastour nouvèu
   Que notre cœur desiro.
Coumo au sufro per soun troupèu !
   Qu'ei per se qu'au soupiro.
Ah ! nous n'atenden pâ de se
   Ni grandour, ni richesso ;
Mâ qu'au nous balie per tout be
   L'omour de lo sojesso.

Divin sauveur, que sèi nàcu
   Dî lo grando frejuro,
Doun lou pàubre cor ei tout nu
   E coucha sur lo duro,
Fosei foundre per votro omour
   Lo gliaço de notro âmo,
Fosei-nous brulâ de l'ardour
   De votro sento flâmo.

Per lou ten de Nodàu.

Ex : *Oui, i'àime à bèure me.*

BARJERS, reveliâ-vous,
  Lo luno ei superbo ;
Fài si cliar que lous moutous
Vesen chôsî lour herbo.
Fài si brave per lous chans
Que lou roussiniau chanto,
Mài sous ers soun si touchans
Que soun fredoun m'enchanto.
  Barjers, etc.

Lous espris bienhurous
  Disen per nouvelo
Qu'un efan nâcu per vous
A soun berçàu v'apelo.
Onan veire quiau Sauveur
Que Dy lou pài envoyo
Per menâ dì votre cœur
L'esperanço e lo joïo.
  Lous esprits, etc.

Vous trouborei lo mài
  Lo Vierjo Marìo,
Qu'ei tendro l'un ne po mài
Per quiau diven Messìo.
Lo vèu quiau Dy de bounta,
Quiau Sauveur adorable,
Sufrî dì lo pàubreta,
Dì lou couen d'uno eitable.
  Vous trouborei, etc.

Barjers, chantan soun noum
　Sur notro chobreto ;
Que l'eico reipounde au soun
D'uno voû cliaro e neto.
Per qu'au nous deliaure tous,
Publian so victôrio.
Que l'univer coumo nous
Celebre so memôrio.
　　Barjers, etc.

Entran, braveis pastours,
　Veire notre meitre,
Per lou Seniour daus seniours
Onan lou recouneitre.
Si quiau gran Dy ve sufrî,
Pàubre ! dî lo misèro,
Au nous apren à fujî
Lous ploseis de lo tèro.
　　Entran, braveis, etc.

Reniâ sur nous, Jeisu,
　Victimo inoucento,
Lous demouns soun counfoundus ;
Nous n'oven pû de crento.
Remplissei, Dy de bounta,
Lous cœurs de votro flâmo,
E foundei per chorita
Lo gliaço de notro âmo.
　　Reniâ sur, etc.

Renounçan aus ploseis
　Per touto lo vito.
A meiprisà lous faus beis
Un Dy pàubre v'invito.

Nous meten en vous, gran Dy,
Touto notro esperanço,
Siâ notro counsolocy ;
Nous soun ples de counfianço.
  Renounçan, etc.

Nodàu.

ER : *Sài counten quan lo noturo.*

u ! barjers, qualo eicliarsieiro
  Ve dau coûta dau Levan !
Jomài n'ài vu lo porieiro
  Per 'vei l'eiclia pù brilian.
Dau roussiniau que fredouno
Lou doû romaje m'eitouno ;
  Me rovisse de soun chan.   (*Bis.*)

Tout ei mor dì lou vilaje,
  Tout der de bouno sobour.
Barjers, qu'ei pertan doumaje,
  Quo fài cliar coumo lou jour.
Lou bienhuroû que v'apelo
Vous fài par d'uno nouvelo
  Que dèu vous rempli d'omour.

Braveis pastours, pù de guèro,
  Tout l'enfer ei counfoundu :
Per reprimâ so coulèro
  Votre Sauveur ei nâcu.
Quiau sauveur ple de cliomenço
N'ài, per lovâ notro òfenso,
  Dì lo misèro e tout nu.

A votre Dy rendei glôrio,
  Beneisissei soun sen noum,
E celebrâ lo victôrio
  Qu'au ganio sur lou demoun,
Nous di quelo voû charmanto
Que dî lou hàu dau cèu chanto
  E tundi dî lou voloun.

Homeis que, pleis de coucinço,
  Sei de bouno voulounta,
Couraje, prenei pocinço,
  V'aurei lo tranquilita.
Deijâ quiau Sauveur eimable,
Per v'ètre min redoutable,
  Cacho so divinita.

Per sauvâ lo creaturo,
  Lou fî de Dy pren un cor.
Dau pài lo lumieiro puro
  Nài soû quis febleis dehors.
A lo creicho ente au soupiro
Voulà, qu'ei vous qu'au desiro;
  Moutrâ lous pû dous transpors.

Partan, prenian notro houleto,
  Quitan tout per notre Dy.
Chantan sur notro chobreto
  Daus ateis d'adorocy,
E fosan en so presenço
Proumesso d'ôboïssenço
  E de l'omòur lou pû vy.

O Jeisu, que, per tendresso,
  Nàissei per nous sauvâ tous,
Daus ploseis, de lo richesso,

Per jomài deitochâ-nous.
Votro counduito nous môtro
Qualo dèu ètre lo nôtro,
Qu'ei de tout quitâ per vous.

Nodàu.

Er : *Charmanto boulanjeiro.*

Barjers, vivo lo joïo !
 Dy lou fì nài per nous.
Dy soun pài nous l'envouyo
 Per nous deliaurâ tous.
Lous homeis sur lo tèro
 De bouno voulounta
Viauran, louen de lo guèro,
 Dì lo tranquilita.

Uno belo musiquo
 Fài retentì lou cèu,
E lo troupo anjeliquo
 Chanto uu nodàu nouvèu
Au soun de lo chobreto
 Chantan à notre tour
 Lou sen noum que repeto
 Quelo celesto cour.

L'autour de notro vito,
 Dì soun pàubre soumei,
n'o pà 'no quito peiro
 Per li servì d'opouei.

Oyan per so tendresso
    Lou pû juste retour ;
Meiprisan lo richesso,
    Sufran per soun omour.

Couran en dilijenço
    Veire quiau doû sauveur.
Que so sento presenço
    Remplisse notre cœur.
Que lo chasto Marìo
    E Jose, soun eipoû,
Fosan que quiau Messìo
    Dàinie nàitre dì nous.

Dau Seniour que s'opràimo
    Deibloyan lous ch'omis.
Quiau divin Sauveur àimo
    Qu'is sian bien aplonis.
Deireigran de notro âmo
    Tous lous pechas mourtàus,
Per que so sento flâmo
    Gorisse notreis màus.

Qu'èro ce qu'anounçavo
    Sen Jan soun precursour.
De Jeisu qu'au moutravo
    Au disio ple d'ardour :
« Veiqui l'Onièu sei tacho
    » D'un Dy de chorita,
» Qu'àuto jusquo lo racho
    » De notro iniquita. »

Bolian-li per eitreno
    Daus cœurs dinieis de se.
Que notro âmo sio pleno
    De lo pû vivo fe.

Lous fàus ploseis dau mounde
Nous separen de Dy.
Que notre espouar se founde
Sur quis dau porody.

Nodàu,

ER : *Suvenei-vous-en.*

ARJERS, quàu councer nouvèu
Vene d'auvî dî lou cèu !
Lous anjeis m'an revelia :
   Chantan *gloria*... (*Bis.*)
Notre Sauveur ei nâcu.
Veiqui lou boun ten vengu.

N'oven doun quiau Dy poueissan
Doun is nous parlovan tan,
Quel efan si desira !
   Chantan *gloria*...
L'anje di, dî quiau momen,
Qu'au repàuso à Bethleem.

Barjers, partan de boun cœur
Per veire quiau doû Sauveur ;
Lauvan, lauvan so bounta,
   Chantan *gloria*...
Prenian notreis flojouleis,
Lo chobreto e lous hauboueis

En chomi, pleis d'afecy,
Parlan daus bienfas de Dy.

Qual eice de chorita !
    Chantan *gloria*...
Soun fî, per nous sauvâ tous,
Se fài home coumo nous.

Si lou molhuroû Adam
Minje lo poumo à soun dam,
Di l'Eiternel irita,
    Chantan *gloria*..
Jeisu calmo lo furour
En s'ôfran per redemtour.

D'uno mài Vierjo lou frui
Terasso lou serpen maudi.
Au o lou crâne brisa.
    Chantan *gloria*...
L'enfer fremi queto ne
De coulèro e de deipie.

Verbe, fî de Dy lou pài,
Qu'ei doun qui votre polài !
Vous l'y sei tout san-jola :
    Chantan *gloria*...
Vous n'ovei re, poueissan Rei,
Que sei dau mounde l'apouei.

Helâ ! inoucen Onièu,
Votre eita nous fài deigrèu.
Nous jemissen de pieta :
    Chantan *gloria*...
Po-t-un ne pà s'atendrî !
De vous veire tan sufri.

Jeisu, soû quiau cor mourtàu,
Vous sei victimo dau màu,

Sauveur ple d'humilita !
    Chantan *gloria*...
Nous renouncen per toujour
Aux ploseis, à las hônours.

Nàissei dî nous, ô Sauveur !
Qu'à jomài dî notre cœur
  Votre sen noum sio grova :
    Chantan *gloria*...
Au fî, qu'ei tout beneisi,
Au pài coumo au Sen-Espri.

Nodàu.

ER : *Romounâ qui, romounâ lài.*

PROUMIER BARJER.

Pan que tout soumelio
Dî notreis cantous,
  Moun cœur velio,
Ah ! quàuquo mervelio
S'ôpero per nous.
  Sài si counten,
  Qu'à tout momen
Quo me revelio.

Dî mo visy,
Que ve de Dy,
Tout ei cury ;
Moun âmo ei charmado.
Eimable barjer;
Dî lo prado
Vài fà lo virado
Sei aucun danjer.

SEGOUN BARJER.

L'omi, que lo luno ei cliaro !
Dirià que qu'ei lou soulei.
Lo lumieiro lo pû raro
  Tout-à-houro m'eiblôsi l'ei.

A lo miei-ne
Lou jour nous ve.
Ah ! quàu bounhur Dy nous preparo !
Coumponious, ne me troumpe pà :
Tous notreis molhurs van chobâ.
Deijâ, dî moun huroû transpor,
Iau beneisisse notre sor ;
Nous siran sàuveis de lo mor.

TROISIEIME BARJER.

Oui, lo profecìo
  Vài se decliorà.
    Lou Messìo
De lo tirannìo
  Vài nous deliaurâ.
    L'enfer jemi,
    Sotan fremi
    Dì so furìo.

Tout ei bien vrài ;
  Glôrio à jomài
    A Dy lou pài.
Dy ! qualo eicliarsieiro !
  Visan so bèuta,
    So lumieiro :
Lo campanio entieiro
  Brilio de cliarta.

QUATRIEME BARJER.

Dy ! qualo belo musiquo
L'un enten au hàu dau cèu !
Deijâ lo troupo anjeliquo
Chanto un cantique nouvèu :
    « Acourei tous,
    » Crèdo uno voû :
» Un Dy vous nài, nouvelo uniquo ;
» Au vau, quel eimable Sauveur,
» Versâ lo pa dì votre cœur.
» Vous veirei l'efan e lo mài,
» Que soun dì lou pû gran eimài.
» 'No granjo lour ser de polài. »

CINQUIEIME BARJER.

Prenian notro houleto,
　　Partan de boun cœur.
　　　Qualo feito !
Sur notro chobreto
　　Chantan quiau Sauveur.
　　　Hâtan lou pâ :
　　　Ne làissan pâ
　　So mài souleto.

Quiau pàubre efan,
　　Qu'ei si poueissan,
　　　Enduro tan !
Lo recouneissenço
Dèu nous onimâ.
　　So neissenço
Nous ren l'inoucenço :
Qu'ei bien nous eimâ.

TOUS ENSEMBLE.

Nous veiqui doun dî l'eitable !
　　Gran Dy, qualo pàubreta !
Si vous sei tan miserable,
　　Qu'ei per notro iniquita.
　　　　De votre omour,
　　　　De votro ardour
Embrâsâ-nous, Sauveur eimable.
Helâ ! nous sirian molhurous
Sei votro chorita per nous.
Prenei notre cœur per presen.
Rendei-lou si recouneissen,
Qu'au v'àime toujour tendromen.

Nodàu.

Er : *Nous soun eici au char denier.*

Anen, barjers, fourman un cœur,
De Dy celebran lo memòrio ;
A l'hònour dau divin Sauveur
Chantan un cantique de glòrio.

Sur lo chobreto, sur l'aubouei,
Chantan daus cèus lou noum dau Rei.   (*Bis.*)

Que l'home cesse de jemî !
Dy loù pài calmo so coulèro.
Tous notreis molhurs van finî ;
Lo pa vài reniâ sur lo tèro.
Auro lous cèus nous soun deibers :
Jeisu ve brisâ notreis fers.

Si tu nous causèrei lo mor,
Per 'vei manqua d'ôboïssenço,
Adam, Dy channio notre sor ;
Jeisu ve lovâ toun ôfenso.
Entende lous anjeis daus cèus
Qu'anouncen quiau Sauveur nouvèu.

Huroû pecha dau prumier pài !
Perque tu nous rendei lo vito.
Nous ne siran pâ tan d'eimei,
Lou fî de Dy nous ressuscito.
Pleis de counfiànço e pleis d'omour
Anen troubâ quiau redemtour.

Qu'ei doun dî quiau pàubre redui
Que jài l'autour de lo noturo.
Helâ ! lou gran fre lou sunci ;
Lou ven tràuquo lo cuberturo.
Quiau que gouverno coumo au vau
Manquo de tout ce que li fau.

Se doun lou touner groundo au louen,
E qu'eibranlo touto lo tèro,
Jemi dî lou darnier besouen,
E nài acoblà de misèro.

Divin Onièu, pardounâ-nous ;
Nous nous prosternen dovan vous.

Helâ ! votre cor delica
Jemi tout nu sur de lo palio,
E, per imitâ votre eita,
Degu de n'àutreis ne trobalio,
Nous n'àimen mâ notreis ploseis,
L'arjen, lo richesso e lous beis.

Nàissei, nàissei, divin Jeisu,
Reniâ dî lou foun de notro âmo,
E, per lo remplî de vertu,
Purifiâ-lo per votro flâmo.
De v'eimâ nous fan lou sermen.
Prenei notreis cœurs per presen.

Nodàu.

QUALO ne, braveis coumponious !
Ne charmanto
Que m'enchanto !
Qualo ne, braveis coumponious !
Un Sauveur ei nâcu per nous.
Preitâ l'òrelio à l'harmonìo
De quelo belo sinfonìo ;
Tous lous anjeis, dî lour councer,
Chanten lou Dy de l'univer.
Qualo ne, etc.

Leissan vite notre troupèu,
Dy lou gardo,
Quo me tardo :
Leissan vite notre troupèu ;

Couran veire quiau Rei nouvèu.
Chaque astre dau cèu que petilio
D'uno nouvelo cliarta brilio,
   E dî tous lous chans d'alentour
   L'y veiriâ coumo en ple mieijour.
     Leissan vite, etc.

   Barjers, celebran de boun cœur
      So tendresso,
      So sogesso ;
   Barjers, celebran de boun cœur,
   Lo bounta de quiau Dy Sauveur.
Grovan-lo dî notro memôrio,
Chantan un cantique de glôrio ;
   Que las chobretas, lous hauboueis,
   S'unissan per lou Rei daus reis.
     Barjers, celebran, etc.

   O Jeisu ! que nàissei per nous
      Miserable
      Dî 'n'eitable !
   O Jeisu ! que nàissei per nous
   Dî lou fre lou pû rigouroû,
Prosternas en votro presenço,
Nous v'ofren per recouneissenço
   Notre cœur : ô divin Seniour !
   Remplissei-lou de votre omour.
     O Jeisu ! que nàissei, etc.

   Seguei doun, princeis dau Levan,
      Quelo eitelo
      Qu'ei si belo ;
   Seguei doun, princeis dau Levan,
   L'eitelo que passo dovan.

Venei dau foun de l'Orobìo
Per adorâ lou vrài Messìo :
  Autro l'or, lo miro e l'encens,
  Au vau daus cœurs recouneissens.
    Seguei doun, etc.

Nodàu.

Revelia-vous, bravo jaunesso,
  Barjers, finissan de deurmî,
E bonissan notro tristesso :
  Quo n'ei pû lou ten de jemî.
I'àuve, i'àuve uno voû que m'opelo.
  Lo ne, lo ne brilio mài qu'un bèu jour ;
    E lo musiquo lo pû belo
    Charmo tous lous les d'alentour.   (*Bis.*)

  Tous lous anjeis chanten lo glôrio
    Dau souveren meitre dau cèu,
  E beneisissen so memôrio
    Per un cantique tout nouvèu.
Barjers, barjers, prenian doun lo chobreto,
  Metan, metan lous hauboueis bien d'ocor ;
    Auvei quelo voû que repeto
    Que fau que nous partan d'obor.

  « Courei vite, troupo fidelo, »
    Di l'anje, qu'ài bien entendu ;
  » Car iau v'aprenc per nouvelo,
    »Que votre Sauveur ei nâcu. »
Bientô, bientô nous veiren dî lo crecho
  Languî, languî quel efan de doulour.
    Ah ! faudrio 've l'àmo bien secho,
    Per li refusâ notre omour.

Barjers, nous veiqui dî lo granjo.
  Ah! mou Dy, qualo pàubreta!
Qu'ei 'no misèro bien eitranjo :
  Moun cœur n'en jemi de pieita.
Jeisu, Jeisu, v'aumentâ votro peno ;
  Helà! helà! vous nàissei dî l'hiver,
E qu'ei per brisâ lo chodeno
  Doun nous 'vio gorouta l'enfer,

Gran Dy que josei sur lo palio,
  Quan tout l'univer v'aparte.
Helâ! nous n'aven re que valio
  Per vous presentâ queto ne.
Nàissei, nàissei dî lou foun de notro âmo ;
  Prenei, prenei notre cœur tout entier,
  Remplissei lou de votro flâmo ;
    Qu'ei de sous vœus lou bèu prumier.

O vous qu'ovei l'âmo charmado
  D'ovei Jeisu-Cri per eipoû
Transpourtâ-vous per lo pensado
  Dî soun eitable molhuroû.
Fourman, fourman tous lous vœus que merito
  L'eipoû, l'eipoû que charmo votre cœur :
  Que troubâ-vous dî quelo vito
    Que valio quiau divin Sauveur?

Pàubreis que sei dî lo sufranço,
  Vous ganiâ dî votro doulour ;
Jeisu vous balio l'esperanço
  De vous reservâ soun omour.
Lou màu, lou màu, lou besouen, lo misèro,
  Per vous, per vous soun souven un gran be ;
  E Jeisu sufran sur lo tèro
    V'apren que fau sufrî per se.

Nodàu.

ER : *Ce que me plâ di un repà.*

Evelio-te brave pastour,
  Lo luno ei pû belo
Que lou pû bèu jour.
Un Sauveur nài per notre omour.
  Lo bouno nouvelo!
    Vivo Dy!
Fosan tous sur notro charmelo
Daus councers à soun intency.

A l'eitable de Bethleem
  Quiau Sauveur v'apelo,
    Courei vitomen,
Di un anje dau firmomen;
  Lo bouno, etc.

Jeisu à lovà s'ei soumei
  Lo fàuto mortelo
    Qu'Adam 'vio coumei;
A notreis pàis qu'èro proumei.
  Lo bouno, etc.

Adorâ quiau divin Onièu,
  O troupo fidelo!
    Qu'ei lou rei dau cèu.
Au cacho l'eiclia lou pû bèu.
  Lo bouno, etc.

Divin Sauveur, que vous sei boun !
Sojesso eiternelo,
Terour dau demoun,
Que beneisi sio votre noum !
Lo bouno, etc.

Boun Jeisu, que sufrei per nous
Lo rigour cruelo
D'un sor molhuroû,
Veiqui notreis cœurs, prenei-lous.
Lo bouno, etc.

Nodàu.

ER : *Boun vouyaje cher du Mole.*

Tout s'eivelio
Dì lou cartier,
E vau porià que degu ne soumelio.
Tout s'eivelio
Dì lou cartier ;
Vejan, pastours, qui siro lou prumier.

Entendei tous quelo bouno nouvelo ;
L'anje nous di qu'un Sauveur ei nàcu ;
Nous jauviren de lo vito eiternelo :
Lou porody per nous n'ei pà perdu,
Tout s'eivelio, etc.

Munissan-nous de chacun notro houleto,
Leissan sei pau pacojà lous moutous ;
N'òblidan pà l'haubouei ni lo chobreto,
Per celebrâ quiau Dy nàcu per nous.
Tout s'eivelio, etc.

Quiau nouvèu Rei merito uno courouno ;
 Mâ tout ce qu'ài ne pourio pâ sufî ;
D'oliour, qu'ei se que l'àuto au que lo douno
 A tous lous reis : au domino sur is.
  Tout s'eivelio, etc.

Un bouroussou d'uno fino saumieiro
 Counvendrio mier à quiau pàubre einoucen ;
Li en porte un ni mài 'no monoulieiro :
 Sur-tout au vau notre cœur per presen.
  Tout s'eivelio, etc.

Divin efan, adorable Messìo,
 De l'Espri-Sen lous òraclieis soun vràis ;
Nous couneissen que per lo profecìo
 V'èriâ proumei à notreis prumiers pàis.
  Tout s'eivelio, etc.

Pecha d'Adam, t'èriâ bien detestable :
 Tu fâ sufrî per nous lou Rei dau cèu ;
Quiau boun pasteur ve nàitre dî 'n'eitable,
 Per lou solu de soun pàubre troupèu.
  Tout s'eivelio, etc.

Vous que menâ lo pa mài lo justiço,
 Nous v'adoren, ô Dy de chorita !
Pardounâ-nous, ô victimo propiço !
 Nous soun countris de notro iniquita.
  Tout s'eivelio, etc.

Nodàu.

Er *de Dorilas.*

Nous soun au ten : Bouno nouvèlo !
Dy lou pài briso notreis fers ;
Jomài s'ei vu chàuso si bèlo,
   Deipei qu'au cree l'univer.   (*Bis.*)
Reveliâ-vous ; qualo harmonìo !
   Barjers, vous n'en sirei surpreis :
Queto ve n'oven lou Messìo
   Que l'ôraclie nous 'vio proumei.   (*Bis.*)

Lo musiquo celesto entouno
   Milo acys de grocias per nous :
E l'eico daus violous rosouno
   Daus souns enchantas de lours vous.
Qu'ei pertan cliar dì notro plèno ;
   Las mountonias brilien autour.
A miei-ne lou Levan nous mèno
   Daus royouns coumo à ple miei-jour.

Lou messojer qu'au nous envoyo,
   E qu'ài deijâ bien entendu,
Nous di : Barjers, siâ pleis de joïo,
   Votre vrài Seniour ei nâcu.
E qu'ei Bethleem que possedo
   De tous lous reis lou pû poueissan,
Que l'y jemi, soupiro e credo
   Soû lo figuro d'un efan.

17

Partan vite, bendo jouyouso,
  M'ei 'vi que touase lou chomi :
Lo creaturo ei tro hurouso
  D'ovei Dy lou fi per omi.
Que notro devoucy sio pûro :
  Quitan tout, nous ne risquen re ;
Quan Dy nài tout nu sur lo duro,
  Ausorian-nous craniei lou fre ?

Qu'ei qui doun l'eita pitouyable
  Ente lou pecha v'o redui ;
Qu'ei qui doun, Sauveur adorable,
  Ente votro omour v'o coundui.
Gran Dy, recebei per ôfrando
  Tout lou be que deipen de nous ;
Votro tendresso ei plo prou grando
  Per que nous leissan tout per vous.

Louen de nous, grandours de lo tèro !
  Que Dy soù sio notro pourcy ;
Quan au poti dî lo misèro,
  Deven-nous 'vei de l'embicy ?
Ah ! Jeisu, deitochâ notro âmo
  De l'omour de lo vonita,
E brûlâ-lo de votro flâmo
  Dî lou ten e l'eiternita.

Nodàu.

ER : *Ah ! Mounseiniour.*

Ivo Jeisu notre Sauveur !
  Barjers, dounan-li notre cœur
Au ve per brisâ notreis fers,
E nous deliaurâ daus enfers.

Auvei lou cantique nouvèu
Qu'un anje chanto dî lou cèu.

Glôrio, nous di-t-èu dî soun chan,
Sio rendudo à Dy tout poueissan !
L'home de bouno volounta
Viauro dî lo tranquilita ;
Barjers, lou Messìo ei vengu,
Votre vrài Sauveur ei nâcu.

Partan, barjers, reveliâ-vous,
Celebran quiau momen si doû.
Acourdan, rovis de plosei,
Las chobretas coumo l'haubouei ;
Chantan lou fî de l'Eiternel,
Que per nous pren un cor mortel.

Qualo grando benedicy !
Nous deven plo remerciâ Dy.
Helâ ! n'oven tan soupira
Aprei quiau Sauveur desira,
Que ve, per lou bounhur de tous,
Nàitre à Bethleem molhuroû.

Deijà lo terour de soun noum
De crento rempli lou demoun ;
Quel efan, per humilita,
Vau nàitre dî lo pàubreta,
E chôsi de simpleis pastours
Per ètre sous adoratours.

Coumponious, nous soun aribas :
Entran prountomen lou troubâ,
E penetran auprei de se
Notreis cœurs d'uno vivo fe,
Per qu'au nous brûle tour-à-tour
De las flomas de soun omour.

Helà! qui ne sirio surprei
De veire eici lou Rei daus reis!
Un Dy coucha dî lou berçàu!
Un Dy jeina dî lou moliàu!...
Ah! nous nous soumeten à vous,
Divin Jeisu, reniâ sur nous.

Eiclieira-nous, divin efan,
Coumo lous treis reis d'Orien,
Afi que n'oyan lou bounhur
De marchâ d'un pâ pû segur
Dî lou chomi que mèno au cèu.
O Jeisu, siâ notre flambèu.

Nodàu.

ER : *Dî lou sen d'uno cruèlo.*

Oy porei pû favorable
Que sur lou moun Sinoï :
De soun touner redoutable
L'home n'ei pû si transi ;
E so puissanço
Queto ne o bien rempli,
So puissanço
Queto ne o bien rempli
Notro esperanço.

L'eiclia brilian de so glòrio
Porto lo cousolocy ;
Au nous ropelo l'histôrio
De lo transfigurocy,

Quan lou Messìo
Prengue tout l'eiclia d'un Dy,
Lou Messìo
Prengue tout l'eiclia d'un Dy,
Dovan Eilio.

Qualo joïo di votro âmo
Fài nàitre notre Sauveur,
Barjers! e de qualo flâmo
Ne brûlo pà votre cœur!
Qualo musiquo
Is fan per quiau Dy venqueur!
Lo musiquo
Qu'is fan per quiau Dy venqueur
Ei manifiquo.

Barjers, quan dau frui de vito
Vous sobei lou lujomen,
Per l'y coure tout de suito
Vous quitâ tout prountomen,
E sur lo duro
V'adorâ quiau Dy sufran,
Sur lo duro
V'adorâ quiau Dy sufran,
Que tremblo e puro.

Lo bèuta de soun visaje
E lo douçour de soun er
Li meriten votre homage
E deisesperen l'enfer;
Mâ lo misèro
Qu'un Dy sufro dì l'hiver,
Lo misèro
Qu'un Dy sufro dì l'hiver
Chabo lo guèro.

Cretien, voulan à l'etable
 Sur l'alas de notro fe,
Plonian quel efan eimable
 Doun lou cor tremblo de fre.
  Que so tendresso
 Nous dèu fâ d'omour per se !
  So tendresso
 Nous dèu fâ d'omour per se
  Brûlâ sei cesso.

A Jeisu fosan l'eitreno
 D'un cœur tout brûlan d'ardour ;
Que notro âmo sio bien pleno
 De quiau divin Redemptour.
  Que so sufranço
 Nous dèu fâ 'vei de doulour
  So sufranço
 Nous dèu fâ 'vei de doulour
  De notro ôfenso !

Deijâ quel efan eimable
 Ve versâ soun san per nous ;
Deijâ soun cor adorable
 Sen lou coutèu doulouroû.
  Un Dy qu'animo
 L'univer d'un soun de voû,
  Dy qu'animo
 L'univer d'un soun de voû
  Se fài victimo.

Retrenchan de dî notro âmo
 Jusqu'à lo mindro possy.
Tout ce que lo vertu blâmo
 Nous dèu poreitre vicy.

O vertu sento,
Fosei-nous viaure per Dy,
Vertu sento,
Fausei-nous viaure per Dy,
Seloun so crento.

Nodàu.

ER : *Per divertî lo jen.*

A PREI tan de soupirs,
Ve lo rejauvissenço ;
Un Dy per so neissenço
Coumblo notreis desirs.   (*Bis.*)
Maugra lo jolousìo,
Qu'o lou molin espri,
L'ancieno profecìo
Qu'anounço lou Messìo
Queto ne s'acoumpli.   (*Bis.*)

Ah! partan de boun cœur,
Barjer, qualo musiquo !
Qu'ei lo troupo anjeliquo
Qu'anounço un Dy sauveur.
Oui tout home sur tèro
De bouno voulounta,
Sei pû craniei lo guèro,
Jauviro sei misèro
De lo tranquilita.

Cherchan daus ers nouvèus
Per chantâ so victôrio ;
Tout celebro so glôrio
Jusqu'au pû hàu daus cèus.

Onan en so presenço
 Li marquâ notre omour ;
So sento providenço,
Qu'ei pleno de cliomenço,
 Merito un doû retour.

Nous veiqui doun vengus
Ente quiau Dy repàuso ;
Ne sài coumen l'un àuso
 Leissà sous membreis nus.
Au tremblo de frejuro
 Per gorî notre màu,
E per so creaturo
So divino noturo
 Pren notre cor mourtàu.

O Dy ple de bounta !
Reniâ soû dî notro âmo ;
Brûlâ-nous de lo flâmo
 De votro chorita
Vierjo dau cèu chôsido,
 Per n'en être lo mài ;
Ah ! de gracio remplido,
Vous sirei beneisido,
 Per tous tens à jomài.

Vilo de Bethleem,
Qu'èrâ lo lo min presado,
Tu sirâ renoumado
 Jusqu'o lo fi dau ten.
Tu sei per preferenço
 Lou berçàu d'un efan,
Que ve per so neissenço,
Reporâ notro ôfenco
 Au deipen de soun san.

Cantique per lo purificocy de lo Vierjo.

En de lo pipo de toba.

Gran Dy que notre eita touchavo,
 Qu'ovià pieita de notre sor
Quan l'home criminel marchavo
 Di las tenebras de lo mor.   (*Bis.*)
V'ovei, per nàitre sur lo tèro,
 Quita lou sen de votre pài ;
Helâ ! tout eici vous revèro,
 Jeisu ne nous quitei jomài.   (*Bis.*)

N'ovian, aus pes de votro crecho,
 Lo pû grando counsolocy :
Notro âmo n'èro pâ si secho ;
 Nous redoublovan d'afecy.
Nous vesian sur votro figuro
 Touto lo tendresso d'un frài ;
Perque v'ovei notro noturo,
 Jeisu, ne nous quitei jomài.

Tout lou mounde se rejauvissio
 De veire soun divin Sauveur,
E chacun de nous s'otendrissio
 Jusquo dau pû proufoun dau cœur.
Nous venian chantâ votro glôrio,
 Chaque jour, aprei lou trobài ;
Ah ! restâ di notro memôrio ;
 Jeisu, ne nous quitei jomài.

Iau v'ài vu sauveur adorable ;
   Sài counten, n'ài pû d'emboras,
Disio quiau vieiliard respectable
   Que vous pourtavo dî sous bras.
Oui, Simeoun cresio dî l'âmo
   Soun sor huroû l'un ne po mài ;
Brûlâ-nous de lo meimo flâmo ;
   Jeisu, ne nous quitei jomài.

Per bounhur nous v'oven sei cesso ;
   Vous reniâ sur votreis autars,
D'ente votro vivo tendresso
   Sur nous repan de dous regars.
Toujour boun per lo creaturo,
   Toujour fidele, toujour vrài,
Vous nous servei de nurituro ;
   Jeisu, ne nous quitei jomài.

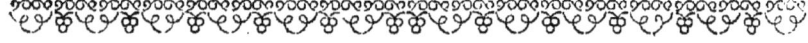

Bouque d'uno Filio à soun Pài.

Lo grando cômo de l'eity
   N'o pâ dau tout secha mo lingo ;
El moun san se trobo si vy,
Qu'à tout momen moun cœur eipingo ;
Au bat sur-tout, dî quete jour,
Pû vitomen qu'un tourno-brocho,
Tan mo tendresso e moun omour
Soun enreija dî mo cobocho.
Un pài qu'ei doû coummo un ognèu
E qu'àimo tan so pàubro filio,
Merito que prejo lou cèu
Qu'au lou sàuve per so fomilio.

Popa, moun cœur ei sei feiçou,
làu vous sài ne sài quan fidelo.
Quo doubloro quan lo rosou
Metro dau ploumb dî mo cervelo.
Que lo mor, dî cent ans d'ane,
Ne vous charche de borelio ;
Vivei tan coumo Chotoune,
Qu'ovio lo mousso sur l'ôrelio.
(Inédit.)

Eipitafo.

Cy-git lou chonoueine Richar,
Home charman sei 'vei lou liar ;
Tous sous coufràis de lo coloto
L'an leissa murì dî lo croto ;
Mâ quan is l'an vu tropossa
Tout de suito is l'an regola
    D'un *libera*. (Inédit.)

FI.

PROVERBES.

Fepa, moun counf ei sei feigoun,
Tan vous sáu no gát quau figelo.
Quo doubloro quan lo roson
Moûro dau plantg di tau garrejo.
Que lo mor, di cant aus daus
Se vous charbo de borolio ;
Virei tan coumo Chotouns,
Qu'ovio lo moupeso aus forolio.
(Battle.)

Distique.

Gy-git lou chouonoiro Richay,
Houno charrean sei 'yoi lou liar ;
Tous sous confrès de lo colote
Qu'aîmeas mort di lo crote ;
Mi que is tan vu troposau
Tout de suite is l'an regala
Dauu dievai. (Delft.)

CITOYS

DE DIVERS AUTOURS.

L'ABBÉ R......

La lecture des œuvres de l'abbé Richard inspira à M. R......, curé de Rochechouart, la pièce suivante, que nous ne pouvons nous dispenser d'offrir à nos lecteurs. L'abbé R...... publia il y a environ seize ans, dans un but philanthropique, un Recueil de chansons où l'on retrouve toutes les qualités qui ont valu tant de vogue à celles de l'abbé Richard :

A l'Oba Richard.

De que viâ de l'espri jusqu'anto au bou daus deis,
E que disiâ si be lou piti mou per rire,
Que t'â bien empluya tous momens delczeis !
Ente troubâ quàucu que sache mier eicrire !
Tu couneissiâ tobe toun potouei limousi
Qu'Horaço e que Cesar couneissian lour leti.
Commo tu virâ bien lo mindro foribôlo !
Quàu plosei de t'auvî countà 'no parabôlo !
Fau-quo flotâ quàucu ? dàu secre t'â lo cliàu ;
Toutas tas porôlas soun douças coumo miàu :

E si fau s'eifeunî e fâ lo remountranço,
Sous to plumo lous mous coulen avec eizanço.
Dî tas chansous n'y en o que soun tro charmentas ;
Quo n'ei pâ poussible de las mier enventâ.
Tout ce que tu disei ei prei dî lo noturo,
E quouaque n'aye pâ bien choba mo lecturo,
l'ài vu, en lejissan toun diâtre de *Liaunou*,
Que tu sabei tre-bien countrufâ lou Jantou...

N'y en o, iau sabe be, qu'ausen de toun lingaje
Entre is beitiomen fàire un bodinaje ;
Que te fài-quo, Richard ? làisso-lous s'en mouquâ,
De n'en tan fâ que te n'y o pâ vun dî lou câ :
Is veirian, si d'à foun is sobian quelo lingo,
Que tout ce qu'is disen ne vau pâ vuno eipingo.
Is trouben qu'un ei fau d'emprimâ dau potouei,
E de tout quèu trobài is s'en fan 'n'eibotouei.
— Mâ perque doun boliâ si grando renoumado
A quel autour peisan ? n'o-t-èu pâ de defàu ?
Se di-t-an quelo jen que ne coumpren pen piàu
Lo bèuta dau parlà, e que fài l'enteitado.
— Marjaure ! 'vei rosou : sur quo nous soun d'acor ;
Quiau libre, de segur, n'ei pâ sei quàuquo fàuto
Mâ trobe cependen que v'àutreis 'vei gran tor
De boliâ à quel autour de si fors cos de pàuto :
Jomài l'home eici-bâ n'o re fa de parfe,
Dî sas meliours ôbras n'y o toujour quàuquo târo :
Un aurio bèu voulei bien doubâ ce qu'un se
Que quo sirio toujour lo meimo rifanfâro.
Lous us mài, lous us min, se troumpen for souven ;
Mâ pertan quan un vèu dî tout ce qu'is disen
Que lou *boun* de bèuco surpasso lou *meichan*,
Perque tan caquetâ ? l'un ei tro eizijan.

Lou jour qu'un te d'aute dau nivèu de lo boualio,
E que l'un te bolie 'no si bravo medalio,

Si l'un cregue, Richard, devei te lo dounâ,
Quo n'èro pà, crèque, emper de las prunas ;
Foulio be qu'un t'oguei counegu bien copable
Per que l'un t'ôfriguesso un pri si honorable ;
Car quis que foguèren toun eizamen à foun,
Si tu t'en suvenei, n'èran pâ daus couyouns ;
Qu'èro daus jen d'espri, e noun pâ de lo cliquo :
Be couneissian-t-is bien lo fino retoriquo !
Làisso dire lous sos, toun libre o be soun pri ;
Qu'un ne lou juje mâ quan un l'auro leji.
Lo jen que couneissen Virjilo, Hôraço, Homèro,
E tous quis grans doctours tan prônas sur lo tèro,
Diran-t-is que jomài is ne se sian troumpa
E que dì quis libreis n'y aye re de màu fa ?
Bat ! bat ! que l'un dije tout ce que l'un voudro,
S'en fau bèuco, Richard que tu siâ vun lourdàu :
Oui, iau te soutendrài pertout, tan que foudro,
Dovan quis que de te voudrian dire dau màu ;
Diràì de las rosous que degu ne poudro :
Quèu que las creiro pâ siro un champolimàu.

        L. R...

MATHIEU MOREL.

Mathieu Morel, né à Limoges, médecin, cultivait la poésie et s'amusait à faire des vers patois; c'était le *Goudouli limousin*. Chaque année il composait des Noëls que tout le monde chantait. Nous citerons ici quelques couplets d'un de ces cantiques :

Joïo, joïo per notreis chans!
Nous n'auren pû de guèro;
Lou fî de Dy sei fa efan.
Joïo, Joïo sur tèro!
Anen, pastours, anen, chantan, fringau,
N'auren qui, quàuque jour.....
E fringan-n'en d'enguèro.

Quo n'ei ni gàinas, ni fodour,
Ni counteis de veliado,
N'oven ôvi l'embossodour :
Lo Vieirjo sei couchado.
Anen, pastours, n'auren qui, quàuque jour,
Un brave comorado.

Si nous soun de bous coumponious,
Anen li fâ visito.
Mà chossan quis vieis roungounious,
Quis vieis barbus d'ermito.
Anen, pastours, vivo lous cœurs joïous!
Qu'ei qui que Dy hobito.

Sajeis soun quis que pourtoran ;
　　Per me iau v'en reipounde ;
　Car, de 'nâ lous bras bolançan,
　　Qu'ei se mouquâ dau mounde.
Anen, pastours, quo n'ei mâ 'no ve l'an ;
　　Fosan que tout abounde.

　Tieine pourtoro doux chopous
　　Tous nuris de forino ;
　Au lous o engreissa tous doux
　　Chieis meis di so cousino.
Anen, pastours, lous chopous siran bous ;
　　Is larden sur l'eichino.

　Marchiali pourtoro un moutou
　　Qu'ei fa au bodinaje,
　Quan un li di, *chicou, chicou,*
　　Au se coumo un meinaje.
Anen, pastours, lou chicou, lous chopous
　　Foran un boun poutaje.

　Piti-Pài pourtoro un chambo
　　Ni mài 'no tourtieiro,
　E soun fì, lou piti Nambo,
　　Doux conars de rivieiro.
Anen, pastours, mâ que n'oyan lou bro,
　　Nous foren char entieiro.

　Per me, pourtoràí un goure
　　De notro grando troïo :
　Lo n'ayo treje chaquo ve,
　　Nous n'en fan fe de joïo.
Anen, pastours, au m'o mourdu lou de ;
　　Fau qu'au n'en paye l'oïo.

Veiqui veni lou rejauvi,
　Vrài home de boutelio,
Que porto lou po e lou vi,
　Mài dau vi de so trelio ;
Anen, pastours, qu'ouei l'armo dau couvi ;
　N'en fosan pâ lo guelio.

　Pinar, queu gran toumbo d'en-hau,
　　Pourto, soû so bastino,
　Treis grans gotous en soun denàu
　　Pleis de quo que drindino.
Anen, pastours, fosan en l'er treis sàus,
　E botan lo comino.

　Iau vous proteste dovan Dy
　　Que iau roumprài lou visaje,
　Si quàucun manio au bory,
　　Ni mài re dau bogaje.
Anen, pastours, lou pe hors de l'eitry,
　N'entren dì lou vilaje.

En entran dijan : Dy sio cen,
　Mài Dy sio cen, meitresso,
Venei recebre lous presens
　D'uno belo jaunesso.
Anen, pastours, mài vivo lo josen,
　Vivo lo belo hôtesso.

Mâ vivo, vivo quel efan !
　Ah ! que soun er me charmo !
N'atendan pâ qu'au sio pû gran,
　Offran-li cor e armo.
nen, pastours, lous diableis s'en pendran,
　L'anfer ei en alarmo.

De diableis n'en fût-èu pâ mài
   Que de grano de vimeis ;
Is an jita notreis prumiers pàis
   Mài nous di lous abimeis.
Anen, pastours, oh ! quel efan qu'ei lài
   Lovoro notreis crimeis.

Ah ! moun Dy, que d'ôbligocys !
   Coumen vous iau recouneitre !
Nous soun si pleis de counfusy,
   Que nous n'ausen poreitre.
Anen, pastours, au foun, qu'ei notre Dy,
   Notre pài, notre meitre.

Treis droleis ribandas de ver,
   Lou chopèu soû l'eisselo,
Venen chantâ au libre eiber
   Uno chansou nouvelo.
Anen, pastours, fosan treis sàus en l'er,
   E botan lo semelo.

…rmi diverses autres pièces en vers patois attri-
…ées à Morel, il en est une intitulée *Dialogue de Picau
t de Piaucau*, où nous avons distingué le passage sui-
vant. Les deux interlocuteurs se racontent les événe-
…ents qui se sont passés à l'armée et à la cour en 1654 :

*Per lor daus peisans atroupas ver lo tour
Voulovan deipei qui jusqu'à notre faubour...
Lous habitans per lor ne-t-e jour fosian gardo ;
…à ne couneissian pá à quis pàubreis daudins
   …ie lous pú grans vouleurs habitovan dedin.
   l'y 'vio chieis cossous, grans vouleurs e bouns droleis,
   per nous mier voulâ, ovian fa treis fàus roleis.
tc., etc.*

…teur Morel mourut vers 1704, et fut enterré à
…erre-du-Queyroix de Limoges.

L'ABBÉ ROBY.

L'ABBÉ ROBY, né à Limoges, mort en 1764, fut précepteur du célèbre Vergnaud ; il faisait ses délices du poète de Mantoue, et prenait un plaisir extrême à la lecture du *Virgile travesti* de Scarron. Il imita ce genre burlesque, et parodia, en vers patois limousins, une partie des œuvres de son auteur de prédilection.

Il a fait un joli compliment, en vers, qui fut débité, en 1754, par un écolier du collége des jésuites, vêtu en paysan, lorsque M. Chaumont de la Millière, intendant de Limoges, alla, pour la première fois, visiter cet établissement. Le public nous saura gré de lui faire connaître cette pièce, ainsi que quelques fragments de son *Enéide travestie* :

Compliment fait à M. de la Millière.

E be ! siràì-iau doun quete jour acouda ?
Morbiauça ! quo m'einoyo : ei-quo prou chobiarda ?
Ei-quo prou eipinga ? prou fa votras mouricas ?
Prou de *musa lo muso* e de votras musicas ?
Quo m'einoyo à lo fi. Be sei-vous deleizeis !
Pitis, veimà jingà, v'eimà lous eibotoueis.

V'ovei lou po gania sei cicoudre lo jerbo,
E vous sei coràus quan poudei jingâ sur l'herbo.
Quo vous possoro be, quo be possa à d'autreis ;
Mâ sabei-vous pertan qu'en votreis bèus franceis
Vous pouriâ be einuyà moussur ni mài modamo,
Que v'ôvirian chantà toujour lo meimo gamo !
Sobei-vous que moussur àimo mier lous peisans
Que tous quis gros seniours, quis grans, quis partisans,
Que venen tous lous jours li fà forço couloJas,
E bèure de soun vi quàuquas bounas petodas?
Qu'ei nous, que notre rei li o tant recoumandas ;
Ah ! paubro jen, nous soun tant màu acoumodas !
Moussur, v'auriâ pieta si vous vesiâ quo nôtre ;
Lou cœur v'en creborio ; car couneisse lou vôtre
Boun coumo lou boun po ; et quelo rojo-jen
Creze qu'auprei de vous n'auran gàire boun ten.
Pardounâ-me, si au plâ, si n'ài quelo eilingado,
E agrodâ qu'ane vous fase mo coulado.

Ici le paysan fait une révérence gauche et ridicule, et dit :

Sabe be qu'à Porî, d'au rei au gran oustàu
Lous seniours de lo cour ne las fan pà entàu.
Las fan de notre mier ; car, moussur, sàu lo vôtro,
Iau sài de Ponozau, ente degu ne môtro,
Coumo di quiau Porî, fâ lou pe en orei ;
Mâ nous saben lauvà lou boun Dy mài lou rei
De nous boliâ 'n'home d'uno si richo talio,
Un home, qu'ouei d'o quo que n'en lèvo lo palio,
Qu'ei riche mài poueissan, mài couvidou, plosen,
Que rece bien châ se lo quito pàubro jen ;
Foro petà soun fouei sur quelo gozinalio,
Qu'aus deipens daus peisans pretendian fâ ripalio.
Ah ! marmo ! queto ve nous nous rejauviren,
E poden nous vantâ d'ovei un intenden.

Au nous meno be àurei : uno bravo intendento,
Que n'ei soto ni borlio ; ei misto mài plosento.
Moussur notre cure nous disse que sous eis
Luqueten d'esperi coumo doux bèus mireis ;
Que lo se dau leti mier que se, ni mài qu'elo,
En fan virâ 'no rodo, olucho 'no chandelo
D'un fe cliar et bien vy : quo sirio be, 'n'autr' àureis,
Si lo voulio oluchâ moun cœur en sous doux eis.
Ah ! que Dy lo beneisio, ni mài moussur soun home,
Lour meinado, e surtout quèu piti gentilhome,
Qu'is disen qu'ei tan brave en soun hobi d'hauzar,
Que joqueto deijâ coumo un piti chobiar.
A perpàu de chobiars, n'en sabe queto annado
Qu'an fa châ nous lour ni : au n'auro 'no nichado,
Mài un gente eicurau, ni mài de notras filias,
Si l'annado n'en balio, un ponier de nousilias.
Per vous, modamo, helâ ! que vous bolioren-nous,
Que vous fase plosei, que sio dinie de vous ?
Car iau voudrio tan bien vous rendre mous homajeis :
Tenei, notro Margui fài de pitis froumajeis,
Que soun tan bous, tan bous, qu'is disen que lous reis,
S'is n'en ovian tâta, s'en lechorian lous deis.
Lo vous n'en pourtoro, e, per vous fâ so cour,
Lo vous n'en chôsiro, modamo, daus meliours ;
Mâ, per quèu gran seniour, moussur de lo Milieiro,
Li pourte un onielou, qu'ei dî mo ponetieiro :
Ei pû blan que dau la ; ei doû coumo un moutou ;
En d'un piti goure, que crese siro bou.

Ici le cochon grogne, lorsque le paysan le présente à l'intendant;
et le paysan gronde le cochon, en lui disant :

He be ! qu'ei-quo doun dire en tous ouis, ouis, ouis, ouis ?
Te fau iau pau, moràu, en tous bèus jinglodis ?
Tu te forà flambâ. Eh ! n'à-tu de coucinço,
De jingliâ dovan quèu que reglio lo provinço ?

Ercusâ, mounseiniour, châ moussurs lous goureis,
Lous pitis mài lous grans ne soun pâ bien apreis.
Ogrodâ quo, tàu meimo, o qu'ouei bien pàu de càuso ;
Mà, si au plâ, lou boun cœur foro volei lo chàuso.
Nous ne nous piquen pâ d'uno grando richour,
Mà, tàu que tàu, pertan, nous nons piquen d'hônour.
Lo jen de Ponozau ne passen pâ per chicheis ;
Mà que pouriâ-vous fâ ? pàubreis ne soun pâ richeis.
D'enguerâ, moun seniour, di notro pàubreta,
Nous sirian pû coràus que jens de quolita,
Sei quis dimolardiers de troupo fusilièro,
Qu'au mitan de lo pa venen nous fâ lo guèro.
Ah ! lo terriblo jen ! quis cheis d'auboleitiers,
Be deitranien-t-is bien ! mo fe, qu'ei lour meitier ;
Mài lou fan mâ tro be : bujodiers, bujodieiras,
Archous, gounèus, panlous chodoliers mài culieiras,
Is raclien, bouàifen tout ; quis doubleis fis de loueiro
N'empourten dau toupi lo quito cubertoueiro.
Helâ, moun boun seniour, qu'is nous balien d'einei !
N'en fusso quo pâ mài que grano de vimei !
Vous diràI franchomen : quan jen de tàu piolaje
Sirian un pàu pendus, n'en sirio gro doumaje.
Ah ! mounseniour, nous van bien prejâ sen Marçau
Que se mài lou boun Dy vous gardan de tout màu,
Vons fosan prosperâ d'hônour, de beis, de joïo ;
Que tous votreis jours sian filas d'or e de soïo ;
Que Limojei mài nous pàichan dire loun-ten :
Ah ! be soun-nous hurous d'ovei quel intenden !

Ici le paysan fait sa révérence, et fait semblant de se retirer ; les écoliers lui crient : Coulaud des mardis ! des mardis ! Il revient, et continue :

A perpàu, mounseniour, m'ôblidavo de dire
Qu'eimandi quis vourmous m'an fa crebà de rire,

Quan is m'an di : « Coulàu, ayo nous daus dimars. »
Is soun tous, per mo fe, fis coumo daus renars.
Mà lou ten se perdro? — Oh ! is m'an tous proumei
D'eitudià lour leiçou, de bien fà lour devei ;
Tout o quo, tout ei ço, qu'en d'un mou coumo en milo,
Mor-Tulo-Chaucheiroun e lou moràu Virjilo
Sirian counten de is : per vous dire varta,
Crese be qu'au li aurio bien bouno chorita.
Helà ! moun boun seniour, qu'ei vrài qu'an tan poti,
Tout quete hiver, aprei quèu diable de leti,
Que daus pû eiberbis fài virà lo cervelo,
Ni mài quauquas de ves fài levà lo penelo :
M'entendei be? tenei : un piti mou de vous
Vài fà, per lou segur, quatre cens bien-hurous ;
Car si vous lour tirà de las mas l'eicritôri,
Tirorei quatre cens armas dau purgotôri.
Quan lour n'en bolioriâ mà quan quàuquo doujeno,
Is lous pendran, marmo ! de votro par, sei peno
Douje dimars, quei-quo? ne dijei mà *vaca*,
Et vous veirei coumo is credoran bien *viva* !

Énéide Travestie.

LIVRE PREMIER.

HARANGUE DE JUNON A ÉOLE.

. . . .
Ôlo per que to courouno
T'ei vengudo dau dy que touno,
Quouei de moun home *Jupiter*,
Meitre de lo tèro e de l'er ;
Per que daus vens t'à l'intendenço,
Per las domas to complosenço,

Me fài coumptas sur un plosei,
Que deipen plo de toun poudei.
Uno nocy qu'ài preso en haino
Voguo sur lo mer de *Thyrreno*
Lo sàuvo dî châ lous Letis,
Troyo e sous dys demie-rotis :
Fài 'no tempeito d'impourtanço
Lacho tous vens en aboundanço
Quan iau dèurio bouchâ moun nâ ;
Fài-me coummo au fau permenâ
Sur mer à quelo carovano
E de pau vei feure quartano :
Coulo-me lours veisseux à found
Dî quàuque endre que sio proufound ;
Quis couquis an lo vito duro.
I'ài châ me, quouei chàuso seguro,
Quotorze filias doun lou cor
N'ei, sur mo fe, ni boussu ni tor ;
Deyopëo vau mài que toutas ;
Daus pâtis lo se fâ las croûtas,
E d'enguèro mier las minjâ ;
To meijou lo saubro renjâ,
Lo leji bien dî las mandinas
Ello lovoro tas molinas,
Quan l'auran 'gu quàuque acciden ;
Iau vole t'en fâ un presen
E que per countra lo te preigno,
Quo tendro coumo de lo teigno.
Aquouei 'no dounocy de cor,
Que duroro jusqu'à lo mor :
Lo te proume en moridaje,
'No troupo de braveis meinajeis :
Viso bien, forens-nous dau vi ?

Lors *Eólus* tout rejauvi,
Quiau charman discour au deigueino :
Quouei votre offas, puissanto *reyno*,
De counsultâ votre dessen,
E de bien fâ votre eizamen ;
Car si n'aribo dau topaje,
Vous n'en poyorei lou doumaje.
Per me, sài votre servitour
Per v'auboïs de ne, de jour :
Mas quan au l'y vài de lo pocho
Iau sài tan sourd coumo 'no rocho.
Quouei vrài que vous m'ovei fa rei
Tan piti que sio moun poudei :
Per vous possede uno courouno
De letou daura qu'ei plo bouno,
Vous me fâ dounâ moun cuber
Et lo tàulo de *Jupiter !*
Sài meitre daus vens e orajeis,
Qu'apaubrissen tan de vilajeis.
En achoban quiau coumplimen,
Di lou roucher si bravomen
Doune de so lanço rouliado,
Que lo mountagno deivirado
Leisse aus vens un pàu de jour ;
Is ne charchovau gro meliour.
Is surtiguèren en armado
Per l'eiberturo presentado,
E s'en anèren jensâ lous chans,
E sur mer fasen lous mechans.

. . . .

Alors lous cris daus mariniers
Pourtas de lo cavo au gronier,
Lou bru de las vergas roumpudas
Toutas las nibleis counfoundudas,

Aus *Troyens* vràis suffro-doulour
Derauben lo vudo dau jour :
Lo ne de soun creipe coueifado
Dessubre lo mer s'ei campado.
Lors lou cèu se me de tounâ
E las porofias de sounâ ;
Lous eicliars serven de chandelo,
Tan s'en ve 'no grando seguelo :
Aus Troyens tout porei per lor
Uno assinnocy de lo mor.
Eneas dî quiau tripoutage
De sous membreis perde l'usaje,
Au vengue tan fre coumo glia,
En soun canessou tout moulia
Au pousse mài d'uno doujeno
D'*ah paubre!* fropan so peitreno
E levan las douas mas dì l'er,
D'uno tenen soun bounet ver,
Lache quelas tristas poraulas :
Cresio essei minja de las graûlas,
E quo siro per lous peissoux !
Ah ! n'en tene dì mous chaussoux !
Lo malo-bosso de l'aubado !
Mèrài doun dì l'àigo solado ?
Forài doun credà *lou rei bèu?*
Sirài doun de quiauque barbeu;
Ou d'uno mouludo lo proïo ?
Moun cor aus daufis foro joïo ?
Un rei minja per dau peissoux !
Ah ! cent, treis cent ve bien huroux
Troyens! qu'oguerei lo fourtuno
De perî sur 'no demie-luno
Bien puras de votreis porens !
D'ovei 'gu cinq pùos de chatens,

Per vous fâ uno bouno càisso,
Qu'oguesso plo fa moun embàisso!
O daus Grecs lou pù malin cor!
Diomedo! fau-iau que lo mor
N'aye pâ de fam prei de Troyo?
E m'aye refusa lo joyo
De ne pâ 'nâ coure si louen
Leissâ lou moule dau perpouen?
Ne poudiâ-tu de to lanço,
Fâ 'no feneitro di mo panço?
E chossâ de moun magre cor
Uno armo que s'einoyo for?
Au let que sur mer me mourfounde
I'aurio segu dî l'àutre mounde
Moun cousin *Hector* qu'ei josei,
D'un co d'*Achillo* din un ei,
Que deirenje un pàu so vudo.
Moun oumbro sirio counogudo
Dau brave moussu *Sarpedoun*,
Meitre jugodour d'espadroun,
Mor ente lou *Xinoïs* passo,
Iau li aurio beigna mo carcasso,
I'aurio segu tan de soudards
Qu'au n'entreine coumo lours dards,
Lours chopèus mài tout l'eiquipage,
Doun sur mo fe n'èro doumaje.

. . . .

PRIÈRE DE DIDON.

. . . .

Jupiter, lou boun aple
Qu'à lous hoteis sous to tutèlo,
Per quàuquo liauro de chandèlo!

Fài quiau jour bèu per lous *Tyriens* :
Mas n'òblidei pâ lous *Troyens*.
Te *Bachus*, l'armo de lo feito
Vaque, si au plà, rempli lo teito
De touto quelo bravo jen,
Que soun droleis : mas cours d'argent.
Junon, si n'èro to boutado
Que sei tendro coumo rouzado ;
Jito-nous quàuqueis doux regars ;
E vous *Tyriens*, tous de bouns gars,
Celebrâ coumo au fau lo feito
E n'eiparniei pâ votro teito :
Dansâ-me qu'au n'en sio parla ;
Mas gandissei-vous dau pila.
Lors *Didon* deirozet lo tasso,
N'en voueide un pàu per lo plasso,
A *Bitias* lo presente,
Que Dy nous rande, reipounde :
Se que ne s'omusavo en gueino,
Auboïgue tan à lo reino
Que jusqu'au found au l'avole,
Doun lo courado se lave,
Aprei disset à l'assemblado :
Dy v'aide, lo soupo ei boliado.
Alors *Yopas* lou couti,
Qu'èro eu trin mene un piti
'No vieilio sourdo de Samphonio,
Disciple d'*Atlas*, gran ivronio,
(Lous musiciens, de lour meitier,
Soun tous ivronieis, mài rotiers.)
Quelo Samphonio èro daurado,
Bien salo ni mài bien fumado,
Au l'ovio 'gudo à Sent-Yrieix,
Quan au 'gue perdu sous doux eis ;

Lo fojio touto so fourtuno.
Au chaute lou soulei, lo luno,
De l'home lou coumençomen,
D'ente li ve lou jujomen,
D'ente lo bruto ve si forto,
Coumo lo ployo fai lo croto,
Perque lou fe brûlo lou bouei,
Mài qui n'y pren gardo lous deis :
Lo poussiniero, lo grand'ourso,
Perque lou soulei dî so courso
Vau tan l'hiver se 'nâ josei,
E l'eity nous chàufo à lezei.

D'*Eneas* lo reino charmado,
Tacho d'eilounjâ lo veliado ;
L'amour li fài tout approuvâ ;
Coumen s'en poudrio-lo sauvâ ?
Quouei se que per lou nâ lo mèno,
E li auro à lo fi lo coudèno.
De *Priamus* lo vau sobei
Qui li crubio soun lie lous seis ?
Quan au voulio fâ uno selo,
Qui lou soutenio soû l'eisselo !
Qui li blanchissio soun roba ?
Si au mâchavo bien lou toba ?
Ente au chotavo sas lunettas !
Si sas molinas èran nettas ?
Si quan au 'gue perdu lou jour,
Au fut enterra dî l'aunour ?
Per *Hector* ello domandavo,
Quan lo coulèro l'empourtavo
Si au 'vio souven eipousseta
So tre belo et dinno meita ?
Si au fugue chivolier de Malto ?
Si qu'èro un co pourta en quarto,

Per dovan au be per dorei ;
Doun *Achillo* li ogue lou quei?
Si *Memnon*, lou fi de l'Auroro,
S'enrhumet en couchan defôro?
Si au vengue en d'un mousquetoun?
Si au n'ovio ni poudro ni ploum?
Si au 'vio l'eipëo au be quàuqu'hate?
Si di so courso au fugue gâte?
Sur *Diomedo* : si sous coursiers
Plejovan daus gaulis groussiers?
S'is vian belo croupo et boun rable?
S'is ruovan gàire di l'eitable?
S'is vian lo vormo e lou farci?
E s'is n'ovian pâ d'autre ci !
Un àutro ve lo se trobalio
Per sobei d'*Achillo* lo talio ;
Si au 'vio bien sous cinq pes de rei ?
  Eneas qu'èro bien aprei,
Ne s'au fogue pâ douas ve dire,
E lo *reino* que voulio rire,
Per fâ durâ lou passo-tem,
Li disse fomilieromen :
Moun brave, countas votro histôrio,
Tan que v'aurei de lo memôrio?
Ab ovo, vole tout sobei,
Avant de me metre josei.

LÉONARD TROMPILLON.

ÉONARD TROMPILLON naquit en 1750. Doué de facultés brillantes, il cultiva avec un égal succès la musique et la poésie. Malgré sa profession de boulanger, peu compatible avec des goûts littéraires, il composa une foule de chansons patoises dont nous sommes heureux de pouvoir donner un échantillon à nos lecteurs. Trompillon a fait une traduction burlesque de la *Henriade* qui contient, dit-on, des passages remarquables. Il mourut à Limoges en août 1824, emportant les regrets de tous ceux qui avaient été à même d'apprécier ses qualités d'homme de bien, de conteur agréable et d'habile musicien.

Serenado

Sur un er nouvèu.

REVELIO-TE, mo tan eimado,
Eicouto l'omourouso vou
Que de te toujour rebutado,
Soupiro so tristo chansou ;
Vole, perque moun infourtuno
Au soulei ne po t'atendri,
Te countâ au cliar de lo luno
Lous màus qu'omour me fài sufri.   (*Bis.*)

Lo ne, quan pense que Joneto
N'o per me que de lo rigour,
Iau fau daus plens dî mo coucheto
Que fan purâ lou Dy d'omour ;
Quèu Dy, de soun guliou me piquo,
Iau ne saubrio pû fermâ l'ei.
Dî moun parpài moun cœur sautiquo :
Pû de repàu, pû de soumei.

Lous jours quan te vese, Joneto,
Mous eis ne saubrian tro s'cibrì ;
To bèuta que toujour r'luqueto
Brilio tan que lo m'eiblauzi ;
Iau ne sabe pû que te dire,
Moun omour deve tout lourdàu :
Mài to vudo uflo moun martyre,
Min t'àuze declioras moun màu.

Iau sente un fe que me counsumo,
Iau vene se coumo un tisou ;
De jour en jour, moun san s'olumo
E moun eime per lo rosou ;
Iau sài, morgi ! bien miserable,
Suffre lous turmens d'un damna ;
Dî l'enfer au n'y o pâ de diable
Que mier que me sio eichauda.

Iàu m'ài jita dî lo rivieiro,
Dî notre pout me sài plouja ;
Me sài coueija dî 'no glochieiro,
Eh be, ne sài pâ souloja ;
Ne pode pû minjâ ni bèure,
l'ài lou crane tout pertroubla,
E de moun omourouso fèure
Mài que jomài iau sài flamba.

A lo vilo, i'ài prei lo courso,
I'ài 'na counsultà lou doctour;
Li ài d'obor presenta mo bourso
E lou foujer de mo doulour;
Au m'o di : To fèure ei molino,
Toun poux ei dur coumo un coliàu :
Mier que touto lo medecino,
Joneto po gorì toun màu.

Helâ! Joneto, ô mo tan belo!
Te soulo podei me gorì;
Sirâ-tu doun assei cruelo
Per me veire à tous pez murì.
Ah! si i'ovio dì mo poucheto
Quàuquore que fìt tous ploseis,
T'au presentorio, mo bruneto,
Charma d'au veire entre tous deis.

Ady, bèuta toujour eimado,
Quoique eiboulia per tas rigours
Moun amo à t'eimà opegnado
T'au repetoro tous lous jours;
Toutas las nes de mo coumplento
T'auvirà loùs souns doulouroux;
Maugra l'omour que me turmento
I'atendrài l'instant d'ètre huroux.

Lo Pàucho d'un Artificher.

ER : *Fennas, voulei-vous eiprouvà.*

Sai pàucho d'un artificher,
Quo n'ei per mo fe pâ 'no bìo;
Au ei meitre possa surcher
Dì lo blancho e negro mogìo.

Au v'emberlicouto lous eis,
Semblo deivirâ lo noturo ;
Au vous fâi veire daus souleis
Penden lo ne lo pû obscuro. (*Bis.*)

N'ovio-t-èu pâ lou diable au cu
Quan au fit l'annado possado
Quèu fe que v'àutreis vei tous vu,
Que cujet brûlà notro prado ;
N'y vio-quo pâ daus serpentoux
Que sautan per eicambolodas,
Possovan soû lous coutilioux,
E fojiant qui milo petodas.

Ne l'o-t-un pâ vu quèu surcher,
Fà, per quàuque meichan usaje,
Uno joloïo de popier
Per archelà sur lou nuaje.
Que diantre voulio-t-èu sus fâ ?
Quàuquo grelo aube jiboulado ;
Mâ au guèt un gran pan de nâ
En vezen so cajo brûlado.

Dî un tems que fài toujour fre,
Qu'ài mas mas soû mo dovantieiro,
D'ent' o vengu quèu tounodre
Qu'o mei notre jàu en bandieiro ?
Auro que lou couneisse bien,
Que sabe qu'au viro lou crible,
Iau lou creze prou gran vaurien
Per ovei lucha quello nible.

Un sen, quan un entro châ se,
Coumo de lo pelio que brûlo ;
Dî l'hiver ve-t-èu prei de me,
Crese ètre dî lo coniculo,

Ne pode troubâ de freichour ;
E i'ài bèu secoudre mo blàudo.
Iau sente lo ne mài lou jour
Certen quàuquore que m'eichàudo

Lou moti charche moun bolài
Aussitô que iau sài levado ;
L'ovio mei qui, lou troube lài,
Trempa de ploïo au de rousado,
Moun meitre dessur ei mounta.
N'en doute pû, n'en sài seguro,
Quan un surcher vài au sobba,
Un bolài li ser de mounturo.

Iau vive eici dî lous turmens,
De quel oustàu fau que iau sorte ;
Iau li tremole à tous momens
Tan i'ài pau qu'un diable m'emporte.
Quàu deiplosei n'aurio-iàu pâ
Si quis demouns à pèu fumado
Veignan chofreliâ mous oppâ :
Mèrio si me vejio endioblado.

Pâ min moun meitre ei verd golan,
Au ei bienfosen e serviable ;
Se po-t-èu qu'un si boun efan
Aye fa pacte ave lou diable.
Au fau me seporâ de se,
Deipei tro loun-ten iàu potisse.
Messieurs, volei v'àutreis de me,
Iàu sài touto à votre service.

MM. TARNEAUD ET SAVERGNAC.

Nous compléterons cette galerie de nos poètes limousins, par deux citations empruntées à des auteurs vivants : M. Tarneaud, qui dit si agréablement ce qu'il compose, et M. Massaloux de Savergnac, qui consacre ses loisirs à des compositions marquées au coin d'un véritable talent poétique :

Lo Pipo e lou Mechou.

Di quàuque estomine,
    Prei d'un toupi de bièro,
Lo pipo e lou mechou guèren un entrete.
    Quèu-d'o-qui, s'inflomant de re,
    Di-t-à l'àutre d'un er coulèro :
    Rosounan *tabi* e *taba* :
    Te qu'à lou cù tout coum' un goufre,
      Que foriâ-tu sei lou toba ?
    — Te, que foriâ-tu sei lou soufre ?

    N'ei co pâ notr' histôrio à tous
    Que quelo fablo me-t-en càuso ?
    Per nous meimo que sirian-nous ?
    Re, per mo fe, au pàu de chàuso.

J.-B. TARNEAUD.

Lo Panchou e so Piause.

Per un soulei dau mei de mài,
   Panchou, sicliado countr' un plài,
A sas piauseis fosio lo guèro.
Marsàu de louen vèu lo barjeiro :
   Au lo viso fà un momen
   E s'apràimo bien douçomen,
   Si douçomen que lo Panchou
Ne lou vèu mâ quan au o vu tout!
   Lo pàubro fugue eicunlado ;
   E l'aurio bolia, qu'ei segur,
   So coueifo de linou broudado
   Per ne pà 'vei 'gu quèu molhur ;
Mâ qu'èrio fa. Marsàu s'apràimo
   E li viro bien poulimen
   Un brave piti coumplimen.
   Ne sabe pà ce qu'au disse,
   D'enguèro min ce qu'au fogue ;
   Mâ co fugue trouba si be,
Que Panchou que d'obor credavo,
Que meimo un pàu l'engraugnavo,
   En re de tems se counsoule
   E n'ogue pù de pau de se.
Lou lendemo à lo meimo plaço
   Lo Panchou tourne s'eipiausâ ;
   Mâ soun Marsàu n'y vengue pâ.
Lo senmano entieiro se passo :
   Pù de Marsàu ! Pàubro Panchou,
   'No piauso ei lo càuso de tout.

Filias qu'eicoutâ soun histôrio,
Metei-lo dî votro memôrio,
  Cotâ-vous bien per v'eipiausâ,
  E que Marsàu vous vese pâ.

MASSALOUX DE SAVERGNAC.

Hymne de sainte Valerie.

Valerio, digno duchesso,
Princesso de grand renom,
Extracho de grando noblesso,
Bey rasou que vostre nom
Et vostro grando sagesso
Racontent per tout lou mond.

Vou fugrey de grand lignage,
Filio deu duc grand seignour,
Lou pu grand de queu lignage;
D'Aquitaino lou majour
Ne vouguerey en maridage,
Sinon Diu lou redemptour.

Vostre pay, duc d'Aquitanio,
En guerro murit en doulour :
Lou prince de Romanio
Vou tramey per boun' amour
Duc Estienne en baronio,
Jomay on ne vit majour.

Apres que vous o fermado,
Vay s'en lou duc guerro fat,
Et en touto son armado :
Et puey s'en vet predica
Sainct Marsau a quell' annado,
La idola fay deyfa.

Duchesso, vous contemplava
So que disio sainct Marsau ;
Per lo fe vou predicava
Tut aqui de votr' houstau.
Susano, et vou meditava
En Jesus-Christ eternau.

Lou duc Estienne s'avanço
O vivent, son ennemi,
Quand vit que n'avia defianço
Si non en Diu vostr' ami,
Et fut furiu d'esperanço,
Amasset tut sou cousi.

Lou duc furiu et maligne
Vous fay premiero veni
Per so que de Diu benigne
Ne vous voulio diverty ;
Faussoment, comm' homm' indigne,
Vous condamnet a mury.

Et vous, tres-noble princesso,
Be asseguradoment
Au palays n'agues tristesso,
Lay un bartelot v'otent ;
Vostro testo de sagesso
Vous trenchat publiquoment.

Quant lo test' aguet trenchado,
Lou chevalier vitoment
Veu qu'ero revicoulada,
La prenguet hadidoment,
Et la porto benurado
A l'apostre drechoment.

O admirable puissanço !
O miracle eyvident !
Lou foudre deu ceu s'avanço,
Ou meurtrier lo testo fend.
Lou duc present en puissanço
Ague poure horribloment.

Ressuscitet-lou l'apostre
Davant lou duc tout dolent
A qui fugrent clers et prestreys,
Chacun envers duc courent,
Venguerent et plusieurs autreys
Per ovey baptizoment.

Valerio gloriouso,
Impetra deu ceu lo pat;
Que terro sio fructuouso,
Qu'ayans prou vi et prou blat;
Obtene que sio hurouso
Nostro fi, per sa bontat.

Laus honnour a Diu lou payre,
A touto lo Trinitat.
Beneysido sio lo mayre
De Diu, que fond de pietat
Et vous, que vouguerey creire
Sainct Marsau en so vartat.

(*Extrait de la vie de sainte Valerie, en patois limousin de* 1641, *communiqué par* Mme *Imbert-Nivet, née Lingaud.*)

FI DE LO SEGOUNDO PARTIDO.

TABLO.

Introduction. v

POEME.

LOU ROUMIVAJE DE LIAUNCU.

Chan Prumier.	1	Chan Troisieime.	31
Chan Segoun.	18	Chan Quatrieime.	47

COUNTEIS.

Lou Toupi de Miau.	65	Tro de Fomiliorita enjendro Mépri.	89
Lou Crubidour.	71	Meimo Suje.	90
Lou Paubre dau Porody	74	Lou Couifaje en gaje.	91
Lou Vouyage de Sen-Junio	84	Lou Meitodier fripou.	92
N'òblidei pà lous Mors.	87		

FOBLAS.

Lo Vacho e lou Taurèu	93	Lou Ra de vilo e lou Ra daus chans.	101
Lou Por e lou Chau.	95	Lou Loup e l'Onièu.	103
Lous dous Cheis couchans	96	Lo Cigalo e lo Fermi.	105
Lous dous Biaus.	98	Lo Fenno e lou Secre.	107
Lou Cha fripou.	100	Lo Mor e lou Bucheirou.	109

CHANSOUS.

Lou Printen.	111	L'Eity.	116
Sur lou meimo Suje.	114	L'Autouno.	119

Lou Peisan sorti de lo meichanto annado, sur lou meimo Suje. . . . 121	Vivo Cotorino! prei de soun Tistou. 171
L'Hiver. 125	Chou, nous ne diren pà. . 173
Chansou de dous ivronieis au cobore. 128	Iau ne boliorio pà n'ei-pingo. 175
Chansou d'un Chobretaire sur un mencitrier de vilaje. 130	Lou Soulei deibro so feneitro. 177
San jèure! per bèure mo pinto. 132	Vau veire mo vieilio Franceso. 179
Prenei possinço, Teresou 134	Lou sen Ermito. 181
Que forà-tu, pàubro Jonou? 135	Queto ve vous m'aurei. . 184
Ne m'cimà pû, vieillo Françou. 137	Qu'ei las Sœurs de lo boutiquo. 185
Lo Barjeiro que m'o tenta 138	Per lo feito d'un Jan. . . 187
Lo Filio que m'o deigouta 142	Dei loun-ten uno jauno-Bruneito. 188
Mo Sor, vous 'vei 'gu rosou. 145	Lou Moridaje d'un Tolieur retarda à càuso de lo meichanto annado. . . 189
Un jaune Aubre de bouno espeço. 146	Chansou d'un Peisan couvida à dinà chà soun Bourjei 191
Quan vau velià coumo mo Jonou. 147	
Nous soun prei dau Mardi-Grà. 150	Lou Barjer amouroû . . . 193
Lou Corcime. 152	Perque me fosei-vous lo mino? 195
Que fà-tu, Toueineto. . . 153	Qu'ei 'no feito bien chaumado 197
Parlà-me d'un Repà jauviau. 155	A mo Fenno, di uno annado de bounas vendemias 209
Au lei d'un jour, chantann'en doux. 156	Quan j'aime sinceromen. 211
Vau bien humetà mo pàubro gourjeiro. 157	Treis Sœurs qu'uni l'omita 212
Chantan lo Marion. . . . 159	Jose, vous n'enlevà lo palio. 214
L'omita que deipei lounten. 160	Quan i'ai Chopino. . . . 216
Lo Dinado de campanio. . 161	Qu'ei queto ve, mas bounas Sœurs. . . . . · . 218
L'autre jour lo jauno Bobèu. 163	Quàuquore choranglio deforo. 220
Morjoun! vivo lo bouno Chàro. 165	L'Omita vivo e puro. . . 222
Coumo n'aimen lo sen-Michèu. 167	Notre jaune Seniour de tèro. 224
Votreis eis vesen plo prou. 169	Lo Veliado vilojouaso. . . 226
Sœur Sen-M...y, qu'o n'ey pà de bobiolo. 170	Me rejauvisse dau bounhur. 229
	Per lo samby! vivo un Hausar 230

Nous van dansâ quete sei. 231
Las Vinias joloudas. . . . 233
L'hurouso Jardinieiro. . . 236
Moun cœur per mo Barjeiro. 238
Marioto, veiqui l'eicliarsieiro. 240
Votreis sei chà de bravo Jen 242
Queto ve qu'ei votre tour. 243
V'ovei, per troumpà l'espioun 245
V'eimà votre Be de campanio 246
N'autras, que soun sei pretency. 247
Treis Sœurs que v'aimen tendromen. 248
Ah! planiei lou pàubre Panchei. 250
Iau voudrio bien prou countentà 252

PEÇAS DIVERSAS.

EPIGROMAS. — Un Medeci domandavo à lo Gardo. 253
— Me sai brisado lo Cervelo. . . . . . . Ib.
— J'eimorio tan ètre Vicari. 254
Reflecys. 255
Coumplimen à moussur Richard, frài de l'autour. 256
Inscricy per un Cementèry 259
Reflecy de l'autour. . . . Ib.

POESIAS SOCRODAS.

NODAUS.

Sur lo neissenço de Jeisu-Cri 260
Barjers, vous mouquà-vous de Dy? 263
Pastours, à bèus quatre saus. 264
Barjers, lou pû bèu jour nous ve. 268
Barjers, revelià-vous. . . 270
Ah! Barjers, qualo eicliarsieiro. 272
Barjers, vivo lo joïo. . . 274
Barjers, quàu councer nouvèu 276
Tan que tout soumelio. . 278
Anen, Barjers 280
Qualo ne, braveis coumponious! 282
Revelià-vous, bravo jaunesso. 284
Revelio-te, brave pastour. 286
Tout s'eivelio di lou cartier. 287
Nous soun au ten: Bouno nouvèlo! 289
Vivo Jeisu notre Sauveur! 290
Dy porei pù favorable . . 292
Aprei tan de soupirs. . . 295
Cantique per lo purificocy de lo Vierjo. 297
Bouque d'uno filio. . . . 298
Epitafo. 299

CITOCYS DE DIVERS AUTOURS.

L'abbé R...... — A l'oba Richard 301
Mathieu Morel. — Joïo, joïo per notreis chans! 304
L'abbé Roby. — Compliment fait à M. de la Millière 308
— Enéide travestie. — Harangue de Junon à Eole, etc. . . 312
— Prière de Didon. . . 316
Léonard Trompillon. — Serenado 320
— Lo Pauche d'un Artificher. 322
M. Tarneaud. — Lo Pipo e lou Mechou. 325
M. de Savergnac. — Lo Panchou e so Piause. . 326
Hymne de sainte Valerie. 328

FI DE LO TABLO.

www.ingramcontent.com/pod-product-compliance
Lightning Source LLC
Chambersburg PA
CBHW072017150426
43194CB00008B/1140